Welpenerziehung für Anfänger

Wie du deinen Welpen spielend leicht zum Liebling deiner Nachbarschaft erziehst

W0243298

Martin André Cessar

Haftungsausschluss

Dieses Werk ist urheberrechtlich geschützt. Die Übersetzung und Vervielfältigung dieses Werkes oder Teile des Werkes sind ohne die ausdrückliche Zustimmung des Autors untersagt. Die Umsetzung der im Buch vorgestellten Methoden auf eigenes Risiko.

Der Verlag und der Autor können weder die Haftung für Personen-, Sach- oder Vermögensschäden übernehmen, noch die Richtigkeit und Aktualität der hier enthaltenen Informationen garantieren. Beachten Sie, dass der Inhalt dieses Werkes auf der persönlichen Meinung des Autors basiert und nicht mit medizinischer Hilfe gleichgesetzt werden darf. Bitte befragen Sie Ihren Arzt zu den in diesem Buch vorgestellten Empfehlungen, bevor Sie diese befolgen. Eine Garantie für das Erreichen der Ziele wird weder vom Autor, noch vom Verlag übernommen. Des Weiteren enthält dieses Buch Links zu anderen Webseiten, für deren Inhalt keine Gewähr übernehmen. Zum Zeitpunkt der Erstellung dieses Buches konnten keine Rechtsverstöße verlinkter Webseiten entdeckt werden.

Gratis Geschenk an Dich:

7 goldene Regeln für eine hocheffektive Hundeerziehung:

Jetzt kostenlos auf der Webseite des Verlegers anfordern:

>>> https://dennis-streichert.de/hundeerziehung/

Inhaltsverzeichnis

Vorwort: Wie du ohne Stress deinen Welpen zum glücklichen und lieben Hund erziehst

Ein Traum geht in Erfüllung: Du erhältst endlich einen Welpen! Dies ist ein total schöner Moment, wenn du den Hund abholst und ihm ein neues Zuhause bei dir bietest. Natürlich weißt du, dass dies auch eine Verantwortung mit sich bringt. Du möchtest den Welpen ordentlich erziehen, um Ärger zu vermeiden und damit ihr euch **super wohl miteinander fühlt**. Es gibt bei der Welpenerziehung vieles zu beachten. Um alles richtig zu machen, hältst du das ideale Buch in den Händen.

Mit diesem Buch führe ich dich **Schritt für Schritt** durch alle wichtigen Bereiche der Welpenerziehung. Mithilfe der hochwirksamen Ratschläge und Tipps findest du den **perfekten Welpen**, förderst seine gesunde Entwicklung und baust eine unfassbar **glückliche Beziehung zu ihm** auf. Viele stolze Hundebesitzer haben so manches falsch gemacht. Damit du dies nicht wiederholst, verrate ich dir die **5 häufigsten Fehler und wie du sie vermeidest**.

Neben den Grundkommandos und den 13 wichtigsten Trainings erfährst du alles, was du über Ernährung, Schlaf und Gesundheit des Welpen wissen musst. Besonders froh bin ich, dir zu zeigen, wie du den Hund **völlig ohne Gewalt und ohne Leckerlis erziehen** kannst. Du bist sogar in der Lage, dir eine Hundeschule sparen, indem du die alltagstauglichen Lektionen ganz einfach umsetzt. So wird dein Welpe zu einem lieben, wohlerzogenen Hund, den wirklich alle gern haben. Damit ihr zwei **ganz viel Spaß habt** und er gleichzeitig etwas lernt, schenke ich in dieser Auflage einen tollen **Bonus: 10 Hundespiele** für drinnen & draußen.

Ich finde es schade, wenn unerfahrene Hundebesitzer viele Fehler begehen, dem Hund schweres Leid zufügen und sich selbst enorm stressen. Dabei könnte das Leben für den Hund und seine/n Halter/in so viel schöner sein, wenn man nur einige grundlegende Dinge beachtet.

Genau diese wichtigen Grundlagen gebe ich dir mit auf den Weg. Ich bin überzeugt:

- Jeder kann mit effektiven und cleveren Methoden seinen **Welpen richtig erziehen**.
- Fehler lassen sich ganz einfach vermeiden, wenn du dich optimal vorbereitest.
- Auch du kannst eine wunderschöne Beziehung zu deinem Welpen aufbauen und ihn zu einem wohlerzogenen Hund heranwachsen sehen.

Aus diesem Grund ist es mir sehr wichtig, dass dieses Buch vor allem solche Tipps vermittelt, die dir tatsächlich einen enormen Vorteil verschaffen werden. In den folgenden Kapiteln erhältst du deshalb eine **exakte Anleitung**, die du nur noch umsetzen brauchst!

Den ersten Schritt für die richtige Welpenerziehung machst du, wenn du dieses Buch aufmerksam durchliest und dir einige Notizen hierzu machst. Wenn du nun also bereit bist, dann hol dir ein paar Zettel, einen Stift, und mach's dir gemütlich an einem Ort, wo dich niemand stören kann.

Lass uns loslegen!

So findest du den PERFEKTEN Welpen für dich!

Du hast dich entschieden: Du möchtest einen Welpen haben. Das ist eine wundervolle Idee.

Aber welcher Welpe soll es nun werden? Wie trifft man eine gute Wahl? Wie lautet das Geheimrezept für die Suche nach dem perfekten Welpen? Die Auswahl eines Welpen ist etwas sehr Persönliches und von Mensch zu Mensch sehr unterschiedlich.
Zugegeben, es gibt keine Geheimformel, aber es gibt bestimmte Faktoren, die dir helfen können, einen passenden Welpen auszuwählen, der dir 10 oder 15 Jahre lang zur Seite steht. Hier sind einige Überlegungen, die du bei der Suche nach einem Welpen berücksichtigen solltest.

Lerne die Eltern kennen.

Aus meiner Sicht ist dies der beste Rat, um das Wesen eines Welpen zu bestimmen (d.h. den Charakter, den der Welpe wahrscheinlich an den Tag legen wird, wenn er erwachsen ist). Es ist sehr wichtig, die Eltern eines Welpen zu kennen, bevor man sich für einen entscheidet, um sicherzugehen, dass er unter den richtigen Bedingungen aufgewachsen ist.
Natürlich ist dies nicht immer möglich, denn wenn wir von geretteten Hunden oder Schutztieren sprechen, haben wir in den meisten Fällen keine Informationen über ihre Vergangenheit und noch weniger über ihre Eltern (von denen wir vielleicht nicht einmal wissen, welcher Rasse sie angehören).

Es ist besonders interessant, die Mutter zu kennen, da sie in der Regel in den ersten Lebenswochen des Welpen mehr Einfluss hat: Faktoren wie die soziale Integration oder die Selbständigkeit des Hundes hängen weitgehend von der Beziehung zur Mutter ab. Vielleicht bist du nicht an Welpen interessiert, die eine übermäßig beschützende oder aber allzu selbstständige Wurfmutter gehabt haben.

Der Welpe sollte direkt mit anderen Hunden zu tun haben.

Um sicherzugehen, dass der Welpe verträglich und umgänglich ist, sollte die Hundemutter im Idealfall mehrere Welpen zur Welt gebracht haben. So befindet sich der Welpe von Anfang an in sozialer Interaktion mit anderen Hunden und eignet sich so wichtige Umgangsformen an.

Es sollten also mindestens zwei Welpen im Wurf sein, damit der Welpe mit einem anderen Artgenossen neben der Mutter in Kontakt treten kann. Es ist auch nicht gut, wenn der Wurf zu groß ist, da es für die Mutter schwieriger wird, sich um alle zu kümmern. Ab 10 Welpen gilt es als großer Wurf. Es hängt jedoch auch von der Erfahrung der Mutter ab (ob es ihr erster Wurf ist oder ob sie mehrere gehabt hat).

Sei dir darüber im Klaren, welche Art und Rasse du willst.

Es scheint sehr naheliegend, aber die Erfahrung lehrt uns, dass viele Menschen sich einen Hund wünschen. Aber sie wissen nicht wirklich, welchen, und das ist das

Entscheidende: Du solltest nach einem Hundetyp suchen, der zu deinem Lebensstil passt.
Und um diesen Punkt zu klären, gehen wir von folgender Prämisse aus: Es gibt keinen perfekten Hund.

Jeder Welpe kann zu einem wunderbaren Gefährten werden, wenn er richtig sozialisiert und erzogen wird, und jeder Welpe kann auch zu einem "Übeltäter" werden, wenn Dinge falsch gemacht werden. Welche Art von Hund du auch immer suchst, denk daran, dass es an dir liegt, ihn zu einem guten Hund zu erziehen.

Ob du einen reinrassigen oder einen Mischling willst, ist eine ganz persönliche Entscheidung. Der Hauptunterschied besteht darin, dass Hunde einer bestimmten Rasse in der Regel ein besser vorhersehbares Aussehen und Verhalten haben. Darauf solltest du achten und sehen, ob es dem entspricht, was du suchst.
Mischlinge sind, so sehr wir auch versuchen, nach Ähnlichkeiten zu suchen, immer einzigartige (und wunderbare) Individuen. Diese Tatsache bedeutet auch, dass Mischlingshunde in der Regel gesünder sind und eine längere Lebenserwartung haben (aufgrund von weniger Inzucht).

Wenn du eine Rasse wählst, ist es von Vorteil, sie gut zu kennen. Was sind ihre wichtigsten Eigenschaften und Merkmale, was sind ihre Hauptschwierigkeiten, wie aktiv ist der Hund, was erwartet dich in den nächsten Jahren in der Beziehung zu diesem Hund.
Sei vorsichtig, nicht jede Person wird dich zu diesem Thema korrekt beraten. Um alles richtig zu machen, muss man die Rasse wirklich gut kennen. Es gibt viele Menschen oder sogar Fachleute, die ihre Meinung auf Stereotypen oder vorgefasste Meinungen gründen, die weit von der Realität entfernt sind.

Es ist wichtig, dies zu berücksichtigen, denn wenn du den Welpen erst einmal zu Hause hast, wirst du sehen, dass er mit einer ziemlich schwindelerregenden Geschwindigkeit wächst, und in nur 4 Monaten wird er zu einem Hund im Teenageralter geworden sein, der praktisch die Stärke, Beweglichkeit und Größe eines erwachsenen Hundes hat, dessen Verstand aber immer noch ein Welpe ist.

Gesundheit

Wenn du darauf Wert legst, einen gesunden Hund zu erhalten, dann achte auf folgende Merkmale:

Augen: Einige Welpen können Sehprobleme haben oder blind sein. Um sicherzugehen, dass dies nicht der Fall ist, beobachtet man am besten den Welpen, prüft, ob er nicht gegen Dinge stoßt, die ihm im Weg stehen, und schaut, ob er sich bewegt.

Haare: Sauber und ordentlich aussehen.

Ohren: Prüfe, ob er taub ist. Mache kleine Geräusche mit deinen Händen oder Fingern in der Nähe seiner Ohren, um sicherzustellen, dass er reagiert.

Bewegung: Sehe dir an, wie er sich bewegt, und achte darauf, dass er nicht hinkt.

Körperlich: Der Welpe sollte in einem normalen Zustand sein. Er sollte nicht zu dünn, fettleibig sein oder einen zu großen Bauch haben.

Atmung: Ein guter Welpe sollte ohne Schwierigkeiten normal atmen können.

Hygiene: Stelle sicher, dass sowohl der Welpe als auch seine Geschwister eine gute Hygiene haben.

Im Sinne der Inklusion möchte ich mich keinesfalls gegen kranke Welpen aussprechen. Sie können natürlich genauso viel oder weitaus mehr Freude bereiten. Beachte bloß, dass du mehr Arbeit haben wirst und überlege unbedingt, ob du diese Verantwortung eingehen willst und kannst.

5 Fragen, die du dir selbst stellen solltest, wenn du nach einem Welpen suchst.

Wenn du noch darüber nachdenkst, was für einen Hund du haben möchtest, werden dir diese Fragen bei deiner endgültigen Entscheidung sehr helfen.

1. Welchen Lebensstil habe ich?
Gerade jetzt, in der Gegenwart.

Vertraue nicht auf das "...aber wenn ich einen Hund habe, werde ich dies und das tun...".
Die Terminpläne sind bei den meisten Leuten überfüllt, also sei realistisch und achte auf den Alltag, den du heute führst. Wenn du z.B. lange arbeitest oder ein gemütlicher Mensch bist, dann suche nicht nach einer Hundeart, die viel Aktivität braucht, da sie dir viel abverlangen könnte.

2. In welcher Umgebung lebe ich?
Hunde können sich zwar an fast jede Umgebung anpassen, aber wenn du in einer sehr zentralen städtischen Umgebung oder in einem ländlichen Gebiet lebst, kann es für dich einfacher sein, die eine oder andere Rasse auszuwählen.

Außerdem kann es von Bedeutung sein, wie groß dein Zuhause ist, welche anderen Lebewesen (Tiere und Menschen, einschließlich Kinder) zu Hause leben, ob du ein eigenes Auto hast, etc...
Achte auch darauf, wie groß der Hund einmal wird. Hast du genügend Platz für ihn, damit er sich frei bewegen, essen und schlafen kann?

Es gibt Rassen, die für das Zusammenleben mit Kindern besser geeignet sind (Boxer, Labrador, Golden), aber ich denke, dass, wenn wir die Hunde und die Kinder gut erziehen, jede Rasse in Ordnung ist, um mit ihnen zu leben, mehr noch, wenn der Hund als Welpe in die Familie kommt.
Wir müssen auch Wert darauf legen, falls ältere Menschen zu Hause leben. Ruhige Rassen und von kleiner mittlerer Größe passen sich besser an sie an, obwohl mit einer ordentlichen Erziehung jeder Hund ein guter Begleiter für ältere Menschen sein kann.

3. Ist dies mein erster Hund?
Wenn du ein "Neuling" bist, gibt es eine Reihe von Rassen, vor denen du dich in Acht nehmen solltest, da sie schwierigere Hunde sein können. Das bedeutet nicht, dass du sie nicht nehmen kannst, aber du solltest dir darüber im Klaren sein, dass es ein zusätzlicher Aufwand ist, wenn du dich für sie entscheidest. An diesen Hunden ist nichts auszusetzen. Aber man muss bedenken, dass es nicht dasselbe ist, einen 90 PS starken Seat zu fahren wie einen 500 PS starken Ferrari.

4. Wie viel Zeit habe ich?
Wenn du nicht viel Zeit hast, ist es vielleicht am besten zu prüfen, ob du wirklich einen Hund besitzen solltest. Alle Hunde brauchen eine schöne Menge an Zeit und Energie, und wenn wir zum Beispiel über Jagdhunde oder Hirtenhunde sprechen, brauchst du von beidem eine ordentliche Portion.

5. Wozu wünschst du dir den Hund?
Es ist wichtig, darauf zu achten, denn wir müssen eine Rasse wählen, die zu dem passt, was wir wollen.
Möchtest du ihn als Begleiter für viele schöne Lebensjahre, dann kann im Prinzip jeder Hund ein großartiger Begleiter sein.

Vielleicht magst du gerne Sportarten wie Radfahren oder Laufen, in diesem Fall solltest du einen Hund mit einem hohen Energielevel suchen, damit er dich bei deinen Läufen/Fahrten auf dem Land oder in der Stadt begleiten kann.

Es ist nicht immer einfach, einen Welpen auszuwählen, und niemand kann uns versichern, dass der Welpe, den wir auswählen, großartig oder ein Mistkerl werden wird. Der beste Weg für dich, um sicherzustellen, dass dein Welpe für den Rest seines Lebens ein umgänglicher und geselliger Hund wird, ist, seine Sozialisierung und Erziehung ernst zu nehmen. Ich habe dir bereits gesagt, dass ein Großteil des Verhaltens eines Hundes davon abhängen ist.
Sei dir also darüber im Klaren. Finde einen Trainer, melde ihn für Welpenkurse an und arbeite mit ihm.

Ein weiterer wichtiger Aspekt bei der Auswahl des passenden Welpen ist der Züchter.

Was macht einen guten Züchter aus?

Ein Welpe macht seine ersten Lernerfahrungen nicht erst, wenn er zu dir kommt. Er lernt vom Tag seiner

Geburt an. Das bedeutet, wenn er zu dir kommt, hat er bereits acht oder zwölf Wochen lang Erfahrungen gesammelt und die sind in dem jungen Alter besonders prägend. Deshalb sollten sie natürlich auch besonders gut sein. Um einen Hund zu erhalten, mit dem du gut arbeiten kannst, solltest du den Züchter ordentlich unter die Lupe nehmen.
Wenn du einen Züchter auswählst, ist es nicht wichtig, dass er in der Nähe wohnt. Es ist besser, wenn du weit fährst, als wenn du einen Züchter unterstützt, der schlecht sozialisierte Hunde heranzieht.

Beim ersten Telefonat kannst du bereits einige relevante Fragen stellen. Zum Beispiel sollte der Züchter dir beantworten können, ob die Geburt problemlos verlaufen ist und ob alle Welpen überlebt haben. Es passiert schon mal, dass Welpen bei der Geburt oder kurz danach versterben.
Der Züchter sollte dir jedoch sagen können, woran diese verstorben sind, damit Erbkrankheiten ausgeschlossen werden können. Außerdem kannst du fragen, ob die Mutter sich gut um die Welpen kümmert und genügend Milch für alle Welpen vorhanden ist. Achte auch darauf, ob du den Züchter sympathisch findest.

Wenn das erste Telefonat positiv verlaufen ist, folgt ein erster Besuch beim Züchter. Egal, was der Züchter dir erzählt, lass dich niemals darauf ein, dass dir der Welpe vorbeigebracht wird oder dass du ihn aus dem Auto heraus kaufst. Hinter solchen Angeboten steckt in der Regel eine tierquälerische Zucht.
Ein seriöser Züchter sollte kein Problem damit haben, wenn du zu ihm nach Hause kommst und dir die Zucht ansiehst. Nur so kannst du sichergehen, dass du keine Tierquälerei unterstützt und einen gesunden Hund zu dir nach Hause holst.

Wenn du beim Züchter zuhause bist, solltest du dir das Muttertier genau angucken und alle Welpen betrachten können. Achte darauf, dass die Hunde gut genährt und gesund aussehen. Die Umgebung, in der die Welpen aufwachsen, sollte ordentlich und sauber sein. Beobachte genau, ob die Welpen den Kontakt zu Menschen suchen.
Es ist außerdem wichtig, wie die Mutterhündin auf deinen Besuch reagiert. Sie sollte gelassen sein oder sich zumindest durch ihren Halter beruhigen lassen. Das spricht für eine gute Bindung zum Züchter. Die Welpen schauen sich dieses Verhalten ihrer Mutter ab. Halte trotzdem anfangs etwas Abstand zu den Welpen. Es ist vollkommen in Ordnung, dass die Hundemutter

nicht jeden Menschen an ihre Welpen lässt. Du solltest dir unbedingt auch den psychischen Zustand der Welpen angucken. Sie sollten neugierig und lebhaft sein. Selbstverständlich sollten sie auch körperlich im guten Zustand sein. Verklebte Augen, Nasenfluss, Niesen, Husten oder Durchfall sind Anzeichen einer Krankheit.

Während des ersten Besuchs solltest du einige Fragen stellen:

- Wann werden die Welpen abgegeben? Ein seriöser Züchter würde seine Welpen nie vor der achten Woche abgeben. Wenn der Züchter sie dir früher geben möchte, spricht das dafür, dass er nicht besonders auf das Wohlbefinden der Welpen achtet.

- Was haben die Welpen bisher kennengelernt? Im jungen Alter ist es besonders wichtig, dass ein Welpe alles kennenlernt, mit dem er später in Kontakt kommen wird. Wenn die Welpen in einem Haus im Wald aufwachsen, ist dies zwar eine tolle Umgebung für Hunde. Wenn die Welpen allerdings keine regelmäßigen Ausflüge in die Stadt unternehmen, werden sie mit einem Leben in der Stadt vollkommen überfordert sein. Das wird dir als zukünftigem Halter eine Menge Probleme verursachen. Achte darauf, dass der Züchter mit den Welpen Auto fährt, sie an Kinder, ältere Menschen, andere Tiere und andere Hunde gewöhnt.

- Was fressen die Welpen und die Mutterhündin? Achte darauf, dass das Futter viele wichtige Nährstoffe enthält.

- Sind die Hunde entwurmt? Ein seriöser Züchter gibt nur entwurmte Welpen ab.

- Sind die Welpen geimpft und gechipt? Dies ist unumgänglich. Wenn dir ein Züchter einen ungeimpften und ungechipten Welpen geben möchte, solltest du dir das überlegen.

- Gibt es eine Empfehlung für einen Welpen? Damit ist nicht gemeint, dass der Züchter dir sagen soll, welcher Welpe der beste ist, sondern welcher Welpe am besten zu dir und deinen Bedürfnissen passt. Deshalb sollte er dich danach fragen, welchen Hund du dir wünscht und wie dein Tagesablauf ist. Ein seriöser Züchter gibt seine Welpen nicht einfach jedem.

Er möchte schließlich wissen, dass es seinen Hunden gut geht.

- Wie läuft die Abgabe ab? Ein erfahrener Züchter kann dir einige wertvolle Tipps geben, wie du deinem Hund den Tag des Abschieds erleichtern kannst. Dazu kommen wir im nächsten Kapitel.

Der Welpe zieht ein: Wie er sich von Anfang an wohl bei dir fühlt

Es ist der aufregendste Tag im Leben eines Hundebesitzers. Der kleine süße Welpe zieht ein. Du hast ihn schon einige Male beim Züchter besucht und dir den Welpen auserkoren, der dein Leben in Zukunft bereichern soll. Er ist das süßeste kleine Wesen auf dem Planeten und du willst ihm den roten Teppich ausrollen und ihn von vorne bis hinten verwöhnen. Doch genau da liegt das Problem.

Erziehung ist im Zusammenleben mit einem Hund das Wichtigste. Du musst deinen Hund unter Kontrolle haben und ihm zeigen, wie er sich richtig verhalten soll. Nur dann kannst du entspannt mit ihm zusammenleben. Und die Erziehung beginnt nicht erst, wenn dein Hund erwachsen ist. Sie startet am ersten Tag. Dein Welpe muss sofort wissen, wo es langgeht. Doch hier beginnt auch schon das Problem. Wenn du deinen ersten Hund

abholst, bist du am Anfang wahrscheinlich leicht überfordert. Es gibt so viel zu bedenken und zu lernen. Du wirst garantiert nicht alles richtig machen. Aber keine Sorge, das ist absolut normal.
Kein Mensch ist perfekt und kein Mensch wird immer alles richtig machen. Wenn du deinen ersten Hund hast, musst du erst vieles ausprobieren. Wenn du einen Fehler machst, ist das nicht schlimm. Wichtig ist nur, dass du dich ständig weiterbildest und dazulernst. Nur so kannst du es in Zukunft besser machen und für deinen Hund der beste Halter werden.

Abholung beim Züchter

Wie soll die Abholung idealerweise aussehen, wenn du den Welpen beim Züchter abholst, die Autofahrt, etc.? Für dich ist der Einzug des Welpen mit ganz viel Aufregung verbunden. Vor allem aber für den Welpen selber, denn er muss sich von seiner Mama lösen und von seiner gewohnten Umgebung und sich an neue Bezugspersonen gewöhnen.

Im Idealfall fahrt ihr zu zweit im Auto. Damit einer das Auto steuern und der andere sich komplett nur um den Welpen kümmern kann, damit er nicht allein ist.

Ganz wichtig ist, dass du mit dem Züchter vorher einen Termin vereinbarst, damit der Züchter dem Welpen vorher kein Futter gibt. Wenn er vorher gegessen hat, muss er sich vielleicht übergeben und das ist einfach nicht gut. Deshalb ist es besser, ihn auf leeren Magen abzuholen.

Ein sehr wichtiger Punkt ist auch: Wenn du beim Züchter ankommst, um den Welpen abzuholen, solltest du ihn nicht wie die Packung Milch im Supermarkt schnell über das Kassenband schieben und davonzischen. Bringe ihn nicht direkt weg, sondern versuche erst zu Beginn das Vertrauen des Welpen zu gewinnen, indem du bewusst bspw. mit Leckerli spielst. Meistens kommen die Welpen schon zu dir rüber. Wichtig ist aber, dass er dir mehr oder weniger bis zum Auto folgt, ansonsten sammelt er negative Erfahrungen damit, dass ein fremder Mann / fremde Frau kommt und ihn ins Auto packt. Das sollte nicht so sein. Locke ihn, aktiviere seine Nase und gewinne so sein Vertrauen, damit er später auch nichts Negatives mit dir verbindet.

Wenn du den Welpen im Auto hast, sollte er sich bei der Fahrt auf jeden Fall beim Beifahrer auf dem Schoß befinden und idealerweise habt ihr eine Decke dabei, die nach seinem Zuhause riecht. Was du natürlich machen kannst, ist, dass du vorher, wenn du den Welpen regelmäßig besuchst, schon vorher beim Züchter eine Decke lässt, damit diese alle Gerüche aufnehmen kann. Beim Abholtermin legst du den Welpen auf diese Decke. Dann hat er zumindest seine gewohnten Gerüche dabei, was für ihn eine Erleichterung bedeutet.

Ein wichtiger Punkt ist, genügend Küchenrollen und Handtücher mitzubringen, was zu trinken natürlich auch und gerne auch Leckerlis. Es kann passieren, dass der Welpe vor Aufregung vielleicht im Auto Pippi macht und dann hast du wenigstens genügend Zeug mit, damit du sauber machen kannst.

Bei einer langen Autofahrt ist es klar, dass du genug Pausen mit einplanst, denn dein Welpe muss natürlich mal auf "Toilette". Gerade ein Welpe hat noch eine total untrainierte Blase. Die Aufregung gibt ihr Übriges dazu.

Nehme ein Geschirr mit. Wenn du irgendwo hältst, kann der Welpe schnell weg sein, denn er hat noch keine Bindung zu dir. Deswegen solltest du eine Leine oder Geschirr anlegen. Dann hast du ihn bei dir und gönnst dem Welpen die Pausen, denn es ist wirklich sehr viel Stress für ihn.

Trennung von der Mutter

Ich erkläre dir die Schritte, die du unternehmen musst, damit weder der Welpe noch die Mutter physisch oder psychisch leiden, wenn sie sich trennen.

Du solltest dir bewusst sein, dass die Milch der Mutter wichtige Nährstoffe für die Entwicklung des Immunsystems ihres Welpen enthält. Deshalb solltest du ihn eine Weile säugen lassen, damit er sich entwickeln kann. Darüber hinaus wird ihm der Kontakt mit der Mutter helfen, soziale Verhaltensweisen mit anderen Artgenossen und sogar mit Menschen zu erlernen. Wie im vorherigen Kapitel über den Züchter schon hingewiesen, solltest du mit der Trennung mindestens zwei Monate warten. Wenn du dies früher tust, könntest du seine Entwicklung behindern und dein Vierbeiner könnte sogar krank werden. Achte auf die grundlegende Pflege, da Hunde in diesem Alter an Krankheiten leiden können, die unter Umständen tödlich sind.

Wenn es sich um einen kleinen Hund handelt, der noch nicht geimpft ist, solltest du verhindern, dass er auf die Straße kommt, damit er sich keine Krankheiten einfängt.
Darüber hinaus solltest du den Kontakt mit streunenden Hunden vermeiden, obwohl es kein Problem ist, wenn er mit anderen Haustieren zusammen ist, solange du sicher bist, dass sie vollständig geimpft sind. Wenn er mit anderen Hunden in Kontakt kommt, lernt er sogar schnell einige grundlegende Verhaltensweisen. Er weiß, ob er bellen darf, wo er sich aufhalten kann und sogar, ob er auf die Sofas klettern darf oder nicht, nur indem er andere beobachtet.

Von Anfang an alles richtig machen

Der Druck, alles richtig zu machen, ist bei jedem Menschen vorhanden. Diesen solltest du dir von Anfang an nehmen. Denn du wirst es sowieso nicht schaffen. Mach dir daher keinen Stress, wenn du merkst, dass du einen Fehler gemacht hast. Trotzdem ist es natürlich richtig, dass du dich so gut wie möglich informierst. Die richtige Erziehung sollte von Anfang an eine Rolle spielen im Hundealltag. Und zwar von der ersten Sekunde an. Wenn dein Welpe nicht auf die

Couch soll, darf er dies auch in den ersten Tagen nicht. Die Regeln müssen sofort festgelegt werden. Dennoch ist es natürlich in Ordnung, dass du in den ersten Tagen ein bisschen nachsichtig bist. Denk immer daran, dass du deinen Welpen von seiner Familie und seinem Züchter getrennt hast. Für ihn ist das ein schwerer Schritt und dabei musst du ihm zur Seite stehen. Er darf daher ganz viel Liebe und Zuwendung erhalten.
In den ersten Tagen spielt das Alleinbleiben daher absolut keine Rolle. Die erste Nacht sollte dein Welpe außerdem nicht allein verbringen. Er braucht das Gefühl, dass noch jemand für ihn da ist. Du siehst, es ist wichtig, dass du ein Mittelmaß findest. Etwas Nachsicht ist in den ersten Tagen in Ordnung, das heißt allerdings nicht, dass du deinem Welpen alles durchgehen lassen solltest. Der Grundstein für eine gute Erziehung wird jedoch schon viel früher gelegt.

Ein sicheres Zuhause für den Welpen

Wenn du einen guten Züchter ausgewählt hast, sorgst du dafür, dass dein neuer Hund den besten Start ins Leben hatte. Bevor er bei dir einzieht, solltest du deine Wohnung noch welpensicher machen. Ein Welpe ist ein sehr aufgeregtes Wesen, das alles erkunden möchte.

Manchmal kommt er auf Ideen, die dir im Traum nicht eingefallen wären. Deshalb solltest du alle möglichen Gefahrenstellen vorher beiseite räumen.

Besonders wichtig ist es natürlich, dass du alle Türen und Fenster geschlossen hältst. Dein Welpe wird die Gelegenheit sonst sicherlich nutzen und ausbrechen. Alles, was zerbrechlich ist, solltest du in einem Schrank aufbewahren. Dein Hund darf nicht die Gelegenheit haben, etwas zu zerbrechen. Er könnte sich sonst an den Scherben verletzen.

Außerdem solltest du dich darüber informieren, welche deiner Zimmerpflanzen giftig für Hunde sind. Diese müssen entweder weit oben stehen oder ganz aus dem Haus verbannt werden. Um die Pflanzenart zu bestimmen, gibt es verschiedene Apps. Aber auch Experten in Gartencentern können dir dabei helfen. Im Alltag muss darauf geachtet werden, dass die Türen von Geschirrspülern, Kühlschränken, Herden, Waschmaschinen und Trocknern immer geschlossen sind. Alle Kabel, durch die Strom läuft, solltest du hinter Möbeln oder Kabelschützern verstecken.

Denke daran, dass alles, was unten in offenen Regalen steht, von deinem Hund zerstört werden könnte. Stelle dort deshalb lieber unwichtige Dinge hin. Schuhe sind bei Welpen sehr beliebt und werden häufig zerstört. Deshalb bietet sich ein Schuhschrank an. Dadurch hat dein Welpe keine Chance, deine Schuhe zu erwischen. Lange Tischdecken oder Vorhänge solltest du kürzen lassen, damit dein Hund nicht an sie herankommt. Einkaufstüten aus Plastik können zu einer Gefahr für deinen Hund werden. Er könnte sich beim Spielen damit ersticken oder erdrosseln. Deshalb solltest du sie immer wegräumen. Feuer ist selbstverständlich immer eine Gefahr für einen aufgeregten Welpen. Alle Feuerstellen sollten deshalb ausreichend gesichert sein.

Wenn du deine Tische und Arbeitsflächen sauber und frei von Essensresten hältst, wird dein Hund gar nicht erst in Versuchung geraten dort hinaufzuspringen. Alle Essensreste, die deinem Hund schaden könnten, musst du sofort entsorgen. Achte auch darauf, dass dein Hund keine Möglichkeit hat, deinen Müll umzukippen und auszuräumen.

Welpen kommen manchmal auch auf die Idee, in die Toilette zu springen oder daraus zu trinken. Deshalb sollte der Deckel immer heruntergeklappt sein.

Alle Treppen müssen mit einem Hundegitter gesichert werden, damit dein Welpe dort nicht herunterpurzelt.

Erstausstattung

Betten und Körbe

Ein Bett gehört zur Grundausstattung für Welpen. Sie müssen einen eigenen Platz im Haus haben, wo sie sich entspannen können. Um es ihnen bequem zu machen, ist es am besten, ihnen ein Hundebett oder einen Hundekorb zur Verfügung zu stellen, die es in verschiedenen Formen und Größen gibt. Es liegt bei dir, zu entscheiden, welche Variante du wählst. Achte unbedingt darauf, dass der Platz für deinen Hund groß genug ist. Dein Hund sollte sich darin ausstrecken können. Die Körbe sollten ein abnehmbares Kissen haben, das gewaschen werden kann.

Wassernapf

Dein Welpe braucht einen Napf für Hundefutter und Wasser. Der Napf sollte eine stabile Unterlage haben, damit der Hund ihn nicht leicht umkippen kann. Normalerweise ist der Napf unten breiter als oben und besteht aus Kunststoff, rostfreiem Stahl oder Keramik.

Halsbänder und Geschirr

Natürlich dürfen Halsbänder und Geschirre in der Grundausstattung für Welpen nicht fehlen. Es gibt eine unendliche Anzahl von Modellen und Formen. Bei der

Auswahl eines Hundehalsbandes ist es wirklich wichtig, dass es die richtige Größe hat und in der Weite verstellbar ist. Bitte überprüfe jede Woche den Sitz des Halsbandes am Welpen. Für Hunde mit langen oder vielen Haaren empfehle ich ein dickes und geflochtenes Halsband, das sich nicht so leicht verheddert. Halsbänder mit Kunststoffverschlüssen sind nur für kleine oder zahme Hunde geeignet, da sie bei starkem Zug brechen.

Leine

Die Leine sollte der Größe des Hundes entsprechen und bequem in der Hand zu halten sein. Für kleine Hunde sind einfache Nylon- oder Lederleinen ausreichend. Diese sollten stark genug sein, um nicht zu reißen, wenn der Hund angeleint ist, und sie sollten auch lang genug sein, um Bewegungsfreiheit zu ermöglichen. Automatische oder verlängerbare Hundeleinen, wie z.B. Flexi-Leinen, sind ebenfalls sehr gute Optionen. Auf der anderen Seite benötigen Hunde großer und mittlerer Rassen robuste Leinen mit einer einstellbaren Länge von mindestens zwei Metern.

Für die Welpenpflege

Es genügen in der Regel Bürste, Kamm und Hundeshampoo. Der Haartyp des Hundes bestimmt alles andere. Für Hunde mit langem Haar, das dazu neigt, sich zu verheddern, werden Entwirrsprays empfohlen. Diese sind jedoch nicht für fettige Haare geeignet. In Erwägung ziehen kannst du außerdem etwas für die Ohrreinigung und Nagelknipser.

Hundemarke

Die Identifizierung des Hundes ist entscheidend für seine Sicherheit. Eines der ersten Dinge, die du tun solltest, ist, eine Hundemarke mit seinem Namen, deiner Telefonnummer und deinem Namen zu bestellen, sofern der Züchter ihn nicht bereits gechipt hat. Wenn dein Welpe also während eines Spaziergangs verschwindet, kann die Person, die ihn findet, dir helfen, ihn wiederzubekommen.

Spielzeug

Das Spielen hilft dem Hund, sein seelisches Gleichgewicht zu erhalten und die Beziehung zu seinem Halter zu stärken. Die meisten dieser Accessoires für Hunde sind aus Vinyl oder Vollgummi hergestellt. Vorsicht ist bei kleinem Hundespielzeug geboten, da es im Hals des Hundes stecken bleiben und im schlimmsten Fall zum Ersticken führen kann. Dies kann auch bei Wurfspielen und mit Stöcken geschehen. Scheiben oder Frisbees sind dagegen völlig harmlos.

Clicker
Der Clicker ist ein praktisches Hilfsmittel für das Hundetraining. Es handelt sich um ein kleines Gerät. Damit kannst du ein Klickgeräusch erzeugen, wenn du ihn drückst. Er dient dazu, die Aufmerksamkeit des Hundes zu erregen und ihn dazu zu bringen, die Befehle auszuführen, die du ihm gerade in dem Moment gibst, während du klickst.

Hundefutter
Bevor du eine große Menge Hundefutter kaufst, solltest du sowohl mit dem Hundezüchter als auch mit deinem Tierarzt sprechen. Die Wahl eines qualitativ hochwertigen Futters ist ein wichtiger Faktor für die Gesundheit des Hundes, und es lohnt sich, Fachleute zu konsultieren, bevor man sich entscheidet.

Wie lernt ein Welpe am besten?

Du hast deinem Welpen nun den besten Start ins Leben ermöglicht, indem du für einen guten Züchter und ein sicheres Zuhause gesorgt hast. Das erleichtert dir die Erziehung enorm. Bevor du damit loslegst, solltest du dir allerdings darüber bewusst sein, wie dein Welpe am besten lernt. Welpen sind noch sehr junge, unsichere und neugierige Hunde. Sie lernen die Welt kennen, indem sie ihre Vorbilder nachahmen. Anfangs ist das die Mutter. Später ist der Halter im besten Fall das Vorbild. Du musst deshalb auch ein gutes Vorbild sein. Sei entspannt und gehe selbstsicher durch die verschiedensten Situationen. Dein Hund wird sich dieses Verhalten von dir abgucken und sich an dir orientieren. Denke immer daran, dass dein Welpe dich zu jeder Sekunde des Tages beobachtet und dich anhand deines Verhaltens einschätzt. Er wird sich merken, wie du dich in bestimmten Situationen verhältst. Er beobachtet, ob du freundlich oder aggressiv auf andere Hunde und Menschen zugehst und guckt sich das von dir ab.

Ein Hund teilt sein Leben schnell in Rituale ein. Zur Essenszeit wird er dich hungrig anstarren. Wenn du sein Essen immer aus dem Kühlschrank holst, wird er jedes Mal aufspringen, wenn du den Kühlschrank öffnest, weil er den Kühlschrank mit seinem Futter verbindet.

Er macht solche Verbindungen sehr schnell. Achte deshalb darauf, dass dein Hund hauptsächlich positive und nicht negative Verknüpfungen macht. Denn nur so kann er aufgeschlossen durch das Leben gehen. Diese Verknüpfungen entstehen durch eine klassische

Konditionierung. Wenn er immer gestreichelt wird, sobald er dich lieb anguckt, zeigt er dieses Verhalten jedes Mal, wenn er gestreichelt werden möchte.
Diese Konditionierung machst du dir zur Hilfe, um deinem Hund erwünschte Verhaltensweisen anzutrainieren. Dies ist die Art und Weise, mit der dein Hund besonders gut lernt. Sobald er ein Verhalten zeigt, dass dir gefällt, belohnst du ihn dafür. Durch diese positive Verstärkung ist dein Hund besonders motiviert beim Training mitzumachen. Und eure Bindung verstärkt sich.

Anders sieht es aus, wenn du unpassende und veraltete Trainingsmethoden anwendest, die auf Angst, Einschüchterung oder sogar Schmerzen beruhen. Dabei verlierst du das Vertrauen deines Hundes und er hat keine Lust auf das Training. Eine enge Bindung kannst du dadurch nicht zu deinem Hund aufbauen.
Das bedeutet allerdings nicht, dass du nicht auch mal streng sein und deinem Welpen sagen darfst, wenn dir etwas nicht passt. Dies muss allerdings ohne Angst und Schmerzen ablaufen.

Du kannst leichte Maßregelungen anwenden, um deinem Hund zu zeigen, dass dir etwas nicht passt.

Dazu gehören:

- Ignorieren
- Spielabbruch
- Abbruchsignal
- Leichter Stoß im Halsbereich (sei hier besonders vorsichtig. Der Hund soll sich nicht verletzen, sondern nur merken, dass du dieses Verhalten nicht magst.)

Die Erziehung deines Welpen sollte hauptsächlich auf der positiven Verstärkung liegen. Bestrafungen sind nur ein kleiner Teil der Erziehung und sollten gezielt angewendet werden. Willkürliche Bestrafungen geben deinem Hund das Gefühl, dass er dich nicht einschätzen kann und führen nicht zu einem Lernerfolg.

5 häufigste Fehler und wie du sie vermeidest

1. Starke Überforderung

Der erste Fehler ist, dass die Welpen total überfordert werden in den ersten zwei bis drei Tagen. Die Hundebesitzer sind so happy, dass sie jetzt den Welpen zuhause haben, dass sie ihr Glück am liebsten mit allen teilen möchten, die sie kennen. Das heißt, der Welpe wird den Tanten, Onkels, Omas und Opas und der ganzen Nachbarschaft gezeigt. Oder er wird direkt in den ersten Park gebracht und die ganze Familie möchte mit dem Hund Gassi gehen. Der wird dann in den ersten Tagen so mit Eindrücken überhäuft, dass er davon regelrecht erschlagen wird.
Du kannst das einfach vermeiden, indem du ganz viel Ruhe einbaust in den ersten zwei, drei Tagen. Freue dich natürlich, dass du den Welpen jetzt zuhause hast, aber gib ihm die Möglichkeit, sich langsam und in Ruhe

an die neue Umgebung zu gewöhnen. Achte darauf, dass du ihn Stück für Stück an neue Reize heranführst, ohne ihn zu überfordern.

2. Unzureichende Sozialisierung des Welpen

Es reicht nicht, wenn du deinen neuen Hund in eine Hundeschule bringst oder in eine Welpen-Spielgruppe. Das allein ist keine Sozialisierung. Sozialisierung ist, dass du mit deinem Hund ganz viele neue unbekannte Situationen erlebst. Dabei befindest du dich dann ganz gelassen und ruhig daneben, sodass er diese Erfahrungen machen kann. So merkt dein Welpe: "Das ist hier alles nichts schlimmes, das ist nichts Böses, das tut mir nicht weh und mir passiert hier nichts“.

Geh mal in einen Bahnhof, da sind ganz merkwürdige Geräusche, diese Leute mit den Koffern, hupende Züge und telefonierende Geschäftsleute. Geh in einen Supermarkt mit dem Welpen. Bleibe ganz entspannt, damit der Hund an dir sehen kann, dass ja alles völlig in Ordnung ist. Das gleiche machst du an einem Kindergarten oder einer Schule. Stelle dich einfach draußen hin an den Zaun, wenn die Kinder draußen sind. Er muss einfach spüren, dass von den vielen lärmenden Kindern keine Gefahr kommt. Dies ist eine Sozialisierung des Welpen.

3. Zu hohe Erwartungen an den Welpen

Das ist gerade bei Erstbesitzern so, dass sie denken: "Der kann ja gar nichts, der ist gar nicht stubenrein, er sitzt nicht, reagiert ja noch nicht mal auf seinen Namen". Der Welpe ist vielleicht erst zwei Tage da und gerade in der achten, neunten Lebenswoche. Das kann nicht funktionieren. Klar kann der Hund noch vieles gar nicht selbst. Vielleicht ist er ein bisschen sozialisiert worden vom Züchter und das ist es aber auch schon gewesen. Das heißt, diese ganzen Sachen, die man sich von dem Hund wünscht, bringst du ihm dann mit der Zeit bei.

Zeit ist das richtige Stichwort. Es dauert eben eine gewisse Zeit, bis er aus dem gröbsten raus ist. Aber schon in der 8., 16. oder 20. Lebenswoche zu denken, der Hund muss alles können, ist verkehrt. Falls er das nicht kann, bekommt man Panik. Das ist eine vollkommen überzogene Erwartungshaltung an den Hund. Nehme dir mindestens ein Jahr Zeit, um den

Hund richtig schön auszubilden. Da hast du hinterher auch ein richtig gutes Ergebnis.

4. Den Welpen vorlassen

Für einen Hund bedeutet vorne zu sein, Verantwortung zu tragen. Das heißt für ihn, du schickst ihn in die Welt, ins Leben hinein, und sagst dem Welpen, der ja überhaupt noch keine Lebenserfahrung hat: „Mach du mal, sei du verantwortlich für uns da vorne". Damit sind Welpen natürlich überlastet. Das schlimmste ist, was dann im Kopf bei den Hunden vorgeht und dass sie sich alleine gelassen fühlen von ihren Herrchen/Frauchen. Der Hund verliert womöglich das Vertrauen zu dir und wird später alle anderen Situationen für sich regeln. Denn einmal vorne zu sein, heißt Chef zu sein. Diese Rolle möchte er dann immer tragen. Doch du bist der- oder diejenige, der vorne ist, nicht der Welpe.

5. Kein Wissen über Hunde und ihr Lernverhalten

Auch das ist gerade bei Erstbesitzern ein Problem, die sich überlegt haben, einen Hund zu bekommen. Sie

haben sich vorher überhaupt nicht mit der Materie befasst, sondern sich einfach einen Hund geholt und denken, dass es schon irgendwie wird. Dann läuft am Anfang schon ganz viel falsch, in den ersten Tagen oder vielleicht der ersten Woche bis man vielleicht zum Hundetrainer geht. Der zeigt einem dann, wie ein Hund lernt, weil das komplett anders ist, als wir Menschen lernen.
Wir Menschen können Verhalten reflektieren. Das heißt, wenn ein Kind was falsch gemacht hat, kann man ihm hinterher erklären, dass es was falsch gemacht hat. Wenn ein Hund aber, mal angenommen, nicht zurückgekommen ist, obwohl man ihn gerufen hat, und erst irgendwann später kommt. Wenn du ihn dafür bestrafen würdest, dass er nicht gekommen ist, lernt er gar nichts. Im Gegenteil erlernt er nur, dass das zurückkommen bestraft wird.

Dass du dir dieses Buch gekauft hat, ist bereits ein wichtiger Weg, dir das nötige Wissen über Hunde anzueignen. Du lernst hier, wie du deinen Welpen richtig erziehst. Ich hoffe, du kannst die hier beschriebenen Fehler vermeiden. Du und dein Hund haben es so sehr viel leichter.

Die gesunde Entwicklung des Welpen

Im jungen Alter entwickeln sich Lebewesen besonders schnell. Jede Entwicklungsphase muss optimal genutzt werden. Deshalb solltest du dir darüber bewusst sein, wann dein Hund in welcher Phase steckt.

Die erste Zeit beim Züchter

In der ersten und zweiten Lebenswoche deines Welpen bist du noch nicht in seinem Leben präsent. Dennoch macht er bereits wertvolle Erfahrungen. Diese Zeit nennt sich die *Neonatale Phase*. Der Welpe lernt, Körperwärme zu erspüren und den Kopf leicht zu bewegen. Dies ist für ihn überlebenswichtig. Denn nur so findet er immer wieder den Weg zur Mutter und zur Milch. Der Geruchs- und der Geschmackssinn sind bereits ausgebildet. Damit kann der Welpe die Zitze

finden. Er erkundet seine Umwelt nur mit diesen beiden Sinnen. In dieser Zeit macht der Welpe nicht viel mehr als mit seinen Geschwistern zu kuscheln und an der Zitze der Mutter zu saugen.
Ab der dritten Lebenswoche ist der Welpe in der Lage, zu hören und zu sehen. Deshalb macht er nun ganz viele neue Erfahrungen. Er reagiert auf Geräusche und lernt seine Umwelt ganz neu kennen. In dieser Zeit fängt ein Welpe an, das Nest zu verlassen und eigene Erkundungstouren zu starten. Zu dieser Zeit kann sogar bereits die Stubenreinheit trainiert werden. Dies ist in dem Alter jedoch die Aufgabe des Züchters. Wenn sie bereits ab der dritten Woche nur im Garten oder in Kisten mit natürlichem Untergrund ihr Geschäft verrichten, wirst du es als Halter später einfacher mit der Stubenreinheit haben.

Die Sozialisierungsphase

In der vierten Lebenswoche deines Welpen beginnt die Sozialisierungsphase. Diese startet in der Regel bereits ab dem 21. Lebenstag. Sie geht dann bis zur 12. oder 14. Lebenswoche. Du als zukünftiger Halter wirst deinen Hund wahrscheinlich in genau dieser Phase adoptieren. Der Züchter und du werdet euch die Zeit

teilen. Dein Hund muss nun viele Erfahrungen sammeln. Denn in dieser Zeit wird die Basis für sein späteres Verhalten gelegt. Er muss nun alles kennenlernen, was ihm später im Leben begegnen wird. Dazu zählen Autos, Straßen, andere Hunde, Menschen, Kinder, Fahrräder, Skateboards und vieles mehr.
Aber auch an die kleinen Dinge solltest du denken. In der Sozialisierungsphase sollte dein Hund bereits ein erstes Bad bekommen, damit er sich daran gewöhnt. Er muss Staubsauger, Besen, Aufzüge, Fernseher, verschiedene Bodenbeläge, Spülmaschinen, Rasenmäher und viele weiteren Dinge kennenlernen.

Gewöhne ihn auch daran, dass du seine Pfoten anfasst, ihm ins Maul und in die Ohren schaust und ihn auf die Seite drehst. Wenn er sich daran gewöhnt, werden Tierarztbesuche in Zukunft deutlich entspannter verlaufen. Du musst deinem Welpen in dieser Zeit sehr viel zeigen. Gleichzeitig solltest du auch darauf achten, dass er ausreichend Schlaf bekommt. Denn für ihn sind dies alles starke Reize, die er erst verarbeiten muss. Wenn du ihm diese Ruhe nicht gönnst, wird er irgendwann so gestresst sein, dass er die neuen Reize negativ verknüpft.

Die Pubertät

Nicht nur die Menschenkinder, sondern auch die Hundewelpen kommen in die Pubertät. Ebenso wie bei unseren Kindern ist es eine anstrengende Zeit, in der dein Hund alles hinterfragen wird. Du musst jede Regel erneut durchsetzen. Der Rückruf zählt nicht mehr. Alles andere ist viel interessanter. Dein Hund fängt an, sein Revier zu verteidigen und andere erwachsene Verhaltensweisen zu zeigen. Er legt seine Kindheit ab und wagt den Sprung zum erwachsenen Hund. Es kann sein, dass du an deinem Hund verzweifelst. Viele Hunde sind in dieser Zeit extrem anstrengend.

Dennoch ist es komplett die falsche Reaktion, den Hund anzuschreien. Denn dein Hund macht all das nicht, um dich zu ärgern. Er macht es, weil er selbst unsicher ist und sich viel in seinem Körper verändert. Er sucht seinen Platz im Leben und benötigt dabei deine Hilfe. Wenn du ihm diese bietest, kann sich in dieser Zeit eure Bindung festigen. Anstatt also an deinem Hund zu verzweifeln, musst du besonders viel Zeit mit ihm verbringen. Die Pubertät tritt bei jedem Hund zu unterschiedlichen Zeiten ein. In der Regel zwischen dem 7. und 12. Lebensmonat.

Trainiere fleißig mit deinem Hund, damit er sich an seine alte Erziehung erinnert und viel Zeit mit dir verbringen kann. Durch die Regeln, die du ihm während der Pubertät setzt, hilfst du ihm dabei, seinen Platz zu finden. Deshalb ist Konsequenz besonders wichtig. Arbeite mit vielen Motivationshilfen, damit dein Hund Spaß an dem Training mit dir hat. Wenn du denkst, dass du mit deinem Hund in der Pubertät überfordert bist, kannst du dich an eine gute Hundeschule wenden.

Die zweite Pubertät

Ja, du hast richtig gelesen. Es ist mit der ersten Pubertätsphase noch nicht geschafft. Du freust dich, dass du deinen Hund wieder einigermaßen unter Kontrolle hast und schon tritt die zweite Phase der Pubertät ein. In dieser Zeit wird dein Hund geschlechtsreif. Diese Phase beginnt mit sechs oder zwölf Monaten und endet mit etwa 1,5 oder 2 Jahren. Rüden beginnen nun, ihr Beinchen beim Pinkeln zu heben und Hündinnen werden zum ersten Mal läufig. Gutes Benehmen bei deinem Hund suchst du in dieser Phase vergeblich. Erneut testet der Hund seine Grenzen aus. Du musst standhaft bei deiner Erziehung bleiben.

Wenn du nicht konsequent warst, macht sich das jetzt bemerkbar. Achte darauf, dass du deinem Hund weiterhin klare Grenzen setzt. Einige Hunde entwickeln in dieser Zeit verschiedene Ängste. Denn die Pubertät ist eine sehr sensible Zeit. Sei daher konsequent, aber nicht streng. Eine liebevolle Hand ist genau das, was dein Hund in dieser Zeit braucht.
Es kann auch sein, dass dein Hund plötzlich aggressiv auf Artgenossen reagiert. Sei deshalb besonders vorsichtig. Aber keine Sorge, auch diese Zeit geht vorüber. Wenn du alle Pubertätsphasen überstanden hast und konsequent warst, wirst du endlich deine Belohnung erhalten. Und zwar einen gut erzogenen und liebevollen Hund, der eine gute Bindung zu dir hat.

Glückliche Beziehung zum Welpen: Wie du Bindung, Respekt und Vertrauen gewinnst

So wirst du zum „Rudelchef“

Muss ich für meinen Hund der Rudelchef sein? Diese Frage stellt sich fast jeder neue Hundehalter. Von vielen Seiten hört man, dass man sich als Rudelchef oder Rudelführer/in etablieren muss. Von anderen Seiten hört man wiederum das genaue Gegenteil. Der Begriff „Rudelführer“ wäre veraltet.
Im Grunde ist es egal, wie du dich nennen möchtest. Du kannst dich Mama, Rudelführer oder bester Freund nennen. Wichtig ist nur, dass dein Hund zu dir aufschaut. Es gibt eine Rangordnung in eurer Beziehung. Denn Hunde sind in der Lage, einen Menschen als vollwertigen Partner zu betrachten. Diese

Rangordnung wird sich ganz automatisch entwickeln. Du solltest darauf achten, dass dein Hund unter dir steht, denn ansonsten könnte er anfangen, dich zu maßregeln, anderen gegenüber aggressiv zu sein (um dich zu beschützen) oder an der Haustür jeden anzubellen. Diese negativen Verhaltensweisen wirst du nicht aus deinem Hund herausbekommen, wenn du nicht der eindeutige Anführer in eurer Beziehung bist.

Damit ist natürlich nicht gemeint, dass du deinen Welpen unterdrücken musst. Im Gegenteil. Hunde sehen einen guten Anführer, wenn sie eine gelassene, liebevolle und souveräne Person vor sich haben.
Vergiss direkt alle altmodischen Erziehungsmethoden. Dazu gehören:

- Leinenruck
- Alphawurf
- Schläge
- Schreien
- Würgehalsbänder
- Stachelhalsbänder

- Hund zu Boden drücken
- Mit Gegenständen nach dem Hund werfen

Auf diese Dinge solltest du verzichten, denn sie führen nur dazu, dass dein Hund dir nicht traut und Angst vor dir hat. Das ist keine gute Grundlage für eine Beziehung. Du kannst dich durch andere Dinge viel besser als Rudelchef etablieren.
In vielen Dingen sind Hunde uns Menschen sehr ähnlich. Wenn du überlegst, wie du ein guter Anführer für deinen Hund wirst, musst du nur überlegen, was du dir von einem guten Anführer wünschst.
Wahrscheinlich stellst du dir einen guten Chef als intelligent, souverän, gerecht, liebevoll, stark und rücksichtsvoll vor.

Es ist auf jeden Fall hilfreich, wenn du deinem Hund körperlich überlegen bist. Aber das ist nicht der einzige Punkt, der dich zu einem guten Anführer macht. Dein Hund muss spüren, dass du in Gefahrensituationen die Führung übernimmst. Zeige ihm dies durch diverse Kleinigkeiten im Alltag.
Wenn ein fremder Hund auf euch zukommt, begrüßt du ihn zuerst. Dann darf dein Hund an ihn heran. Dadurch merkt dein Hund, dass du die Situation beurteilst.

Wenn es an der Tür klingelt, bist du derjenige, der beurteilt, ob die Situation gefährlich ist oder nicht. Dein Hund bleibt zurück, bis du beschlossen hast, dass alles in Ordnung ist. Wenn ihr nach Hause kommt, geht dein Hund zuerst in die sichere Wohnung, anschließend kommst du nach. All diese und noch viel mehr Kleinigkeiten im Alltag zeigen deinem Hund, dass du die Entscheidungen triffst und Situationen beurteilst.

Irgendwann wird er dich nach deiner Meinung fragen. Wenn ihr auf einen Hund trefft, der bellt, wird dein Hund dir einen fragenden Blick zuwerfen. Was du sagst, ist in diesem Moment Gesetz für deinen Hund. Wenn du sagst, dass ihr einen Bogen um den Hund macht, wird dein Hund folgen. Wenn du sagst, ihr geht in die andere Richtung. wird er dir ebenfalls folgen. Wenn ihr an einem bellenden Hund vorbeigeht, solltest du darauf achten, dass du zwischen dem fremden und deinem Hund läufst.
Dadurch zeigst du deinem Hund, dass du ihn beschützt. Wenn ein fremder Hund mit voller Wucht auf deinen Hund zugestürmt kommt, stellst du dich dazwischen. Das gibt deinem Hund Sicherheit, dass du immer für ihn da bist. All diese Kleinigkeiten sind wichtig, um deinem Hund zu zeigen, dass er dir vertrauen kann.

Du solltest ihn nie zu Situationen zwingen, in denen er sich unwohl fühlt. Führe ihn langsam an neue Dinge heran und gestalte sie spaßig. Überrede ihn nicht. Lass ihn stattdessen selbst entscheiden, wann er der Situation eine neue Chance geben möchte. Dadurch merkt er, dass du ihn respektierst und ihn verstehst.

Es ist genauso wichtig, dass du auf seine Körpersprache reagierst. Wenn er knurrt, solltest du ihn nie dafür bestrafen. Ansonsten denkt der Welpe, du verstehst ihn nicht. Um ein guter Anführer zu sein, musst du auf deinen Hund reagieren. Zeigt er Angst, sei für ihn da und beschütze ihn. Hier ist es jedoch wichtig, ein gutes Mittelmaß zu finden. Dein Hund kann nicht immer bestimmen, was passiert. In Angstsituationen musst du natürlich Rücksicht nehmen. Wenn dein Hund jedoch jault, weil er gestreichelt werden möchte, darfst du ihn niemals streicheln. Denn ansonsten lernt er, dass du immer das tust, was er möchte. Sobald er sich entspannt und ruhig ist, kannst du ihn gerne streicheln.

Wenn du deinem Hund den Befehl „Pfötchen geben“ beigebracht hast, wird er dir ab und zu sein Pfötchen hinhalten, um zu sagen: „Jetzt ist es an der Zeit für Futter.“ Wenn du ihm jetzt etwas gibst, lernt er, dass er bestimmt, wann es Futter gibt. Stattdessen gibt es nur

Futter, wenn er ruhig ist, du das Kommando gibst und er dir daraufhin sein Pfötchen hinhält.
All diese Dinge musst du zu jeder Zeit des Tages beachten, denn dein Hund beobachtet deine Reaktionen rund um die Uhr. Allerdings ist es auch ganz klar, dass du am Anfang Fehler machst. Das ist nicht weiter schlimm, wenn du aus deinen Fehlern lernst.

Die richtige Kommunikation mit dem Hund

Das A und O in einer guten Beziehung ist die Kommunikation. Das gilt für uns Menschen und auch für die Hunde. Dein Hund muss dich verstehen und du ihn. Nur so kann ein Vertrauensverhältnis entstehen. Achte auf kleine Signale deines Hundes.
Der wedelnde Schwanz ist zum Beispiel nicht immer ein Anzeichen von Freude. Er bedeutet nur, dass dein Hund aufgeregt ist. Du musst auf seine restliche Körpersprache achten, um zu wissen, ob dein Hund fröhlich oder ängstlich ist.
Wenn der Schwanz unten ist und nur leicht wedelt, zeigt dies oft Angst. Sobald dein Hund seinen Schwanz einklemmt, ist dies ein Zeichen von starkem Unwohlsein. Dein Hund könnte eine Krankheit, Schmerzen oder Angst haben.

An der Körperhaltung kannst du sehr schön die Gefühlslage deines Hundes erkennen. Wenn sein Körper entspannt ist, ist dein Hund entspannt. Sobald sich der ganze Körper deines Hundes in Verlängerung seines Schwanzes hin und her bewegt, freut er sich. Wenn der Körper deines Hundes angespannt ist, hat er Angst oder ist aggressiv eingestellt. Wenn er diese Körperhaltung einnimmt und gleichzeitig den anderen Hund oder Menschen mit den Augen fixiert, ist dies eine eindeutige Drohung, die nur noch eindeutiger durch ein Knurren werden kann.

Das Knurren ist eine weitere Art der Kommunikation. Es ist sehr wichtig. Denn mit dem Knurren sagt dein Hund, dass er etwas gerade nicht möchte. Und das soll er tun dürfen. Wenn es allerdings vorkommt, dass dein Hund dich anknurrt, musst du etwas dagegen unternehmen. Allerdings nur mit positiver Verstärkung. Denn dein Hund knurrt dich nicht an, um dich zu ärgern. Er tut dies, weil er verschiedene Ängste hat. Und diese kannst du nur mit positiver Verstärkung bekämpfen.

Eine weitere Art der Kommunikation sind die Beschwichtigungssignale. Dabei kann es sich um Gähnen, das Abwenden des Kopfes, langsame

Bewegungen, das Lecken der Nase, das Schnüffeln auf dem Boden, urinieren oder kratzen handeln. Dafür solltest du deinen Hund loben, denn dadurch geht er Konflikten aus dem Weg.

Von Anfang an eine gute Beziehung zu deinem Welpen aufzubauen ist bedeutsam für euer gesamtes Miteinander. Wende die Ratschläge aus diesem Kapitel an, um das Vertrauen und den Respekt deines Hundes zu gewinnen und eine starke Bindung herzustellen.

Belohnungen können ein Weg dafür sein. Wie du deinen Vierbeiner richtig belohnst, erfährst du im nächsten Kapitel.

Erziehen ohne Leckerlis

Die richtige Belohnung

Bevor du mit der Erziehung beginnst, solltest du dir darüber bewusst sein, dass es verschiedene Möglichkeiten der Belohnung gibt. Und diese müssen in unterschiedlichen Situationen eingesetzt werden.
Futter ist für viele Hunde die beliebteste Belohnung. Hier kannst du variieren. Besonders tolle Leckerlis gibt es auch nur für besonders tolles Verhalten.
Es gibt allerdings noch viel mehr Möglichkeiten, um deinen Hund zu belohnen. Vergiss niemals das verbale Lob, indem du deinem Hund sagst, dass er etwas toll gemacht hat. Auch das Streicheln kann ein Lob sein. Allerdings mögen das nicht alle Hunde. Achte immer auf die Körpersprache.
Du kannst deinen Hund ebenso gut belohnen, indem du ihm ein tolles Spielzeug gibst oder ein kurzes Zerrspiel mit ihm machst. Gemeinsames Rennen kann der Hund auch als Belohnung wahrnehmen. Eine sehr beliebte

Belohnung ist das Apportieren. Der Hund kann dabei seine Leidenschaft ausleben und etwas hinterherhetzen. Diese Art der Belohnung eignet sich besonders gut, wenn du deinen Hund vom Jagen abrufen konntest.
Wenn du den Hund ableinst, kann das ebenfalls schon eine Belohnung sein. Besonders wenn ihr euch auf der Lieblingswiese deines Hundes befindet. Das Ableinen wird deinen Hund in diesem Fall viel glücklicher machen als jedes Leckerli.
Du musst die richtige Belohnung für deinen Hund deshalb sehr genau wählen. Nicht immer ist Futter das Beste. Manchmal ist ein Spiel oder eine andere Belohnung viel besser. Eine gute Mischung aus allem ist optimal.

Denke daran, dass eine Überdosis von Leckerlis zu falscher Ernährung führen kann, die, wenn sie nicht sorgfältig kontrolliert wird, zu Fettleibigkeit führen und das Leben deines Hundes beeinträchtigen kann. Auch kann es zu unerwünschtem Verhalten wie Betteln führen.

Sind Leckerlis immer schlecht?
Es gibt bei dieser Frage oft zwei gegenüberliegende Meinungen. Manche verbieten Leckerlis ganz, andere sind da so großzügig und geben dem Hund zu jeder

Gelegenheit etwas zu naschen. Wie so oft favorisiere ich die goldene Mitte.

Futter, also ein Leckerli, ist ein sogenannter primärer Verstärker für den Hund. Das heißt, du kannst den Hund damit belohnen, bloß muss man dies nur richtig machen. Es ist also zunächst überhaupt kein Problem, wenn der Hund von dir ein Leckerli bekommt. Hier kommt es auch ein bisschen auf das Alter des Hundes an. Gerade bei Welpen, die einfach noch nicht verstanden haben und gar nicht wissen, was sie denn tun sollen, da kann man natürlich prima mit Futter arbeiten. So kannst du relativ schnell zuverlässiges Verhalten hinbekommen und die Hunde in Bewegung bringen.

Auch die Klassiker wie „Sitz“ oder „Platz“ kannst du schneller beibringen, als wenn du das ohne Leckerlis machst. Letztendlich solltest du dich fragen, ob du es schaffst, deinen Hund vollständig zu kontrollieren ohne Leckerlis. Wenn das möglich ist und du einfach mal verlangen kannst: „Hey, wir beide gehen zusammen an anderen Hunden vorbei ohne Leckerli“ oder du gibst ein anderes Kommando und das funktioniert gut, dann ist das soziale Gefüge stimmig. In dem Fall spricht überhaupt nichts dagegen, dass du deinem Hund auch mal hin und wieder mit einem Leckerli belohnst.

Versuche einfach beide Extreme zu vermeiden. Oft ist es ein gesunder Mittelweg, der dann zu sehr guten Ergebnissen führt, gerade im Bereich Junghunde. Wenn man am Anfang mit Welpen oder jungen Hunden mit Leckerlis arbeitet, vergisst man oft die Leckerlis wieder abzubauen und das ist ein Problem. Generell sollte die soziale Kommunikation mit dem Hund immer im Vordergrund stehen.

Zum Beispiel kannst du streicheln, loben oder klicken: Es gibt viele Möglichkeiten, einen Hund zu motivieren. Wenn du dein Hundetraining mit viel Lob angehst, musst du nicht unbedingt auf Leckerlis zurückgreifen, um Erfolg zu haben. Glücklicherweise zeigen die vielen Alternativen zum Belohnungssnack, dass es einen anderen Weg gibt.

Loben und Streicheln

Ein bestimmtes Wort wie "gut" oder "schön" sollte das Training mit deinem treuen Freund von Anfang an begleiten. Spreche es laut, freundlich und motivierend aus, um ihm zu zeigen, dass du das gute Verhalten bemerkt und geschätzt hast. Wenn du deinen Hund liebevoll streichelst, während du ihn mit den Worten lobst, wird die positive Wirkung noch verstärkt. Viele Hunde mögen es, wenn man ihnen über den Kopf streichelt - probiere aus, welche Stellen deinem Hund am besten gefallen und beginne, deinen Hund ausgiebig zu loben.

Spielen und Laufen

Jedes Tier ist anders und daher auch die Art und Weise, wie es am besten gelobt wird. Wenn du einen verspielten Laufkameraden zu Hause hast, ist klar, was ihm Spaß machen wird: Nach ein paar Trainingseinheiten oder einem Spaziergang, bei dem sich dein junger Vierbeiner fantastisch benommen hat, ist es Zeit zum Spielen. Es ist wichtig, dass das Tier die Zeit mit seinem Besitzer nach seinem Geschmack genießen kann.

Clickertraining

Hast du schon davon gehört? Clickertraining bietet auch eine beliebte Möglichkeit, einen vierbeinigen Freund ohne Leckerlis zu erziehen, zu motivieren und zu loben. Das Erlernen der Grundlagen kann ein wenig

Zeit und Geduld erfordern, aber viele Hundebesitzer schätzen das Clickertraining immer noch als einfache und erfolgreiche Methode, einen Hund zu erziehen.
Die Erziehung mit dem Clicker unterscheidet sich von vielen anderen Trainingsmethoden, da es nur wenige Minuten Training erfordert. Näher gehe ich in einem späteren Kapitel darauf ein.

Deine Belohnungsliste

Wenn dir keine Belohnungen auf Anhieb einfallen, wenn du sie benötigst, lohnt es sich eine Belohnungsliste vorzubereiten. Schreibe dir auf, was für deinen Hund eine Belohnung sein kann. Klar: Leckerlis sind eine Möglichkeit. Alternativen sind z.B. Spielzeug, gemeinsame Interaktion, die Dinge, die ich eben schon beschrieben habe. All das könnte eine Belohnung sein. Aber es kann auch je nach Situation variieren.
Hast du einen Hund, der sich in Begegnungen mit der Leine unwohl fühlt, weil ihm die andere Hunde zu nah sind und er dann an der Leine nicht mehr richtig weg kommt, dann kann es für diesen Hund in der Situation eine Belohnung sein, den Abstand zum anderen Hund zu vergrößern. Es kann sein, dass die Belohnung ist,

dass der Hund kurz schnüffeln gehen darf. Es kann sein, die Belohnung ist, dass ihr kurz zusammen rennt. Du kannst da wirklich kreativ werden.
Alles, was für deinen Hund in dem Moment dafür sorgt, dass er sich wohlfühlt und vielleicht sogar ein Bedürfnis, was er in diesem Moment hat, erfüllt, ist eine Belohnung. Das heißt, es muss nicht immer nur Futter sein. Mache dir eine Liste und vielleicht überlegst du dir auch schon, in welchen Momenten du das einsetzt und in welchen Momenten diese Dinge für deinen Hund besonders spannend und wichtig sind. Dann fällt es dir gar nicht mehr schwer, auf verschiedene Weise zu belohnen und du kriegst keine Fragezeichen im Kopf, wenn dir jemand sagt "Belohne doch einfach mal ohne Leckerlis".

Natürlich musst du die Leckerlis nicht vollständig aus der Welpenerziehung verbannen. Es ist am besten, sie deinem vierbeinigen Freund als was Besonderes darzustellen und sie nur selten zu verwenden, zum Beispiel, wenn du einen besonders schwierigen Trick mit ihm einstudierst. Ebenso wie du einem Kind ab und an mal Gummibärchen gibst, ohne jeden Tag eine riesige Portion in den Schulranzen zu tun.

Die 13 wichtigsten Trainings, mit denen dein Welpe zum absoluten Liebling wird!

Wenn du einen älteren Hund adoptierst, der schon einen Besitzer hatte, kann dieser Hund meistens schon das ein oder andere und hat in der Regel ein annehmbares Benehmen. Du musst in diesem Fall meistens nicht mehr ganz so viel erziehen. Das hängt natürlich sehr vom Hund ab. Oft hast du mit einem älteren Hund Probleme mit schlechten Vorerfahrungen, weshalb du dann doch wieder mehr trainieren musst. Wie viel Aufwand dein Hund mitbringt, hängt deshalb nicht vom Alter, sondern vom Charakter und der Sozialisierung ab.

Viele Dinge, die für die meisten älteren Hunde normal sind, muss ein Welpe erst lernen. Dazu zählt zum

Beispiel, dass der Hund seinen Namen kennt. Ein Welpe muss viel lernen, bis er wohlerzogen ist.

Stubenrein ohne Stress

Das Thema Stubenreinheit ist das erste, was ein Hund lernen muss. Denn niemand möchte länger als nötig die Geschäfte seines Hundes in der Wohnung haben. Es gibt altmodische Erziehungsmethoden, bei denen es hieß, man solle seinen Hund mit der Nase in seine Hinterlassenschaften drücken, wenn er sie im Haus gemacht hat. Damit erreicht man bei einem Hund nichts, denn er versteht nicht, was man von ihm will.

Beim Thema Stubenreinheit machen Bestrafungen keinen Sinn. Du solltest lediglich mit positiver Verstärkung arbeiten. Dein Hund lernt sehr schnell, dass er sein Geschäft draußen verrichten muss, wenn es ganz selbstverständlich ist, dass er dies tut. Es hilft, wenn der Welpe beim Züchter bereits immer draußen war, um sich zu erleichtern. Sobald er bei dir ist, musst du ihn gut beobachten.

Achte darauf, wann dein Hund sich erleichtern muss und bringe ihn zu genau diesen Zeiten nach draußen. In der Regel muss er nach dem Aufwachen, nach dem Essen, nach dem Spielen und vor dem Schlafen sein

Geschäft verrichten. Immer wenn dein Hund nervös wird, sich im Kreis dreht oder sogar fiept, muss er auf „Toilette“. In diesem Fall solltest du ihn sofort nach draußen bringen. Wenn er dort sein Geschäft verrichtet, lobst du ihn dafür.

In den ersten Tagen und Wochen musst du sehr gut auf deinen Hund achten und ihn möglichst immer nach draußen bringen, wenn er mal muss. Dann ist die Stubenreinheit schon bald ganz normal. Unfälle werden passieren. Du solltest sie ganz einfach ignorieren. Bestrafungen bringen nichts, deshalb mach die Unfälle deines Hundes einfach weg und rede gar nicht mit deinem Hund darüber. Beim nächsten Mal solltest du einfach besser darauf achten, dass du deinen Hund rechtzeitig rausbringst.

Doch was kannst du tun, wenn dein Hund sich in deiner Wohnung erleichtert hat. Auch Hunde haben relativ feste Pinkelstellen. Sie erleichtern sich gerne dort, wo es bereits nach ihrem eigenen Urin riecht. Wenn dein Hund also auf den Teppich gepinkelt hat, wird dieser schnell zu einer beliebten Pinkelstelle. Um das zu verhindern, musst du den Uringeruch so schnell wie möglich komplett aus dem Teppich entfernen.

Dafür kannst du den Teppich natürlich zu einem Profi geben. Bei einer professionellen Teppichreinigung

wird der Fleck besonders gründlich und gut entfernt und du hast keine Arbeit damit. Der Uringeruch wird vollkommen überdeckt und der Teppich ist danach wie neu. Solange dein Hund allerdings noch nicht stubenrein ist, sollte dir bewusst sein, dass jederzeit ein weiterer Unfall passieren kann. Wenn du deinen Teppich nach jedem Pinkelvorfall zur professionellen Reinigung gibst, kann dich das eine Menge Geld kosten.
Bei kleinen Teppichen kannst du natürlich auch die einfachere Möglichkeit wählen und den Teppich ersetzen. Allerdings solltest du dies erst machen, wenn dein Hund bereits stubenrein ist. Ansonsten kann es sein, dass du fünf neue Teppiche kaufen musst. Wenn es sich lediglich um kleine Teppiche handelt, solltest du diese vor dem Einzug des Welpen wegräumen. Solange dein Welpe noch nicht stubenrein ist, sind Teppiche ein verlockender Pinkelplatz. Wenn sie gar nicht erst in der Wohnung herumliegen, hast du kein Problem.

Wenn nun ein Unfall passiert ist und du schnell den Geruch überdecken möchtest, musst du zu starken Reinigungsmitteln greifen. Desto chemischer der Teppich riecht, desto besser. Denn dort wird sich dein Hund höchstwahrscheinlich nicht erleichtern.

Natürlich musst du darauf achten, dass diese Reinigungsmittel deinen Teppich nicht kaputt machen. Außerdem können bei einigen Reinigungsmitteln auch gesundheitliche Probleme drohen. Denke daran, dass dein Welpe oft mit der Nase auf dem Boden herumläuft.

Das beste Mittel gegen Hundeurin im Teppich ist Essig. Diesen kannst du auf den Fleck tropfen und einwirken lassen. Nach kurzer Zeit kannst du den Urin ganz einfach entfernen. Um den Gestank komplett zu entfernen, solltest du noch mit Natron nacharbeiten. Damit kannst du den Geruch so nachhaltig entfernen, dass dein Welpe sich höchstwahrscheinlich an dieser Stelle nicht mehr erleichtern wird.

Der Hund lernt seinen Namen

Ein weiterer Trainingsschritt, den du vom ersten Tag an starten solltest, ist das Lernen des Namens. Dein Hund muss wissen, wie er heißt, damit er sich angesprochen fühlt, wenn du ihn rufst. Für den Anfang trainierst du das in ablenkungsfreier Umgebung. Am besten also in der Wohnung, in einem Zimmer, das der Hund bereits kennt. Es sollte ruhig sein im Zimmer. Wenn dein Hund dich gerade nicht anschaut, sagst du

den Namen deines Hundes. Sobald er dich anguckt, gibt es eine Belohnung. Achte darauf, dass dein Hund nicht abgelenkt ist, sondern nur durch die Gegend guckt, wenn du den Namen sagst. Als Belohnung kannst du Futter, Spielzeug, Spiele und Streicheleinheiten einsetzen. Du solltest eine Mischung aus all dem wählen. Denn dein Hund soll seinen Namen nicht auf eine bestimmte Belohnung verknüpfen, sondern auf sich. Er soll wissen, dass er gemeint ist und reagieren muss, damit etwas Aufregendes passiert.
Auch bei diesem Training wird nicht mit Bestrafungen gearbeitet. Das würde nur dazu führen, dass dein Welpe nicht mehr so gut auf seinen Namen reagiert, weil er ihn nicht mehr mit etwas ausschließlich Positivem verbindet.

Während das Training läuft, musst du darauf achten, dass der Hund nicht ständig bei seinem Namen gerufen wird und nichts passiert. Das würde das gesamte Training kaputt machen. Der Name fällt nur, wenn danach auch eine Belohnung folgt. Aber denk daran, auch wenn dein Hund seinen Namen kennt, sollte er nicht ständig damit gerufen werden.
Wir Menschen würden es schließlich auch nicht toll finden, wenn uns jemand dauerhaft bei unserem Namen rufen würde und uns dann nur grinsend anschaut oder

ignoriert. Irgendwann würden wir nicht mehr darauf reagieren, weil wir darauf keine Lust hätten. Und genauso geht es auch dem Hund. Er sollte möglichst nur bei seinem Namen gerufen werden, wenn daraufhin auch etwas passiert. Das muss nicht immer ein Leckerli sein. Auf den Namen kann ein Kommando, ein Spiel, Streicheleinheiten, das Ableinen oder auch ein Spielzeug folgen.

Wichtig ist nur, dass du auch etwas von deinem Hund willst, wenn du ihn rufst. Wenn Kinder im Haushalt leben, müssen diese das unbedingt lernen.

Anspringen abgewöhnen – so einfach geht das

Das Anspringen ist ein ganz unbeliebtes Phänomen. Viele Menschen finden es zwar süß, wenn sie von einem kleinen Hund angesprungen werden. Manche können es jedoch nicht leiden. Und das ist auch vollkommen verständlich. Vielleicht auch nur, weil sie eine gute Hose tragen, die nicht ruiniert werden soll. Wenn dein Hund unkontrolliert jeden Menschen anspringt, wird dir das einige Probleme bringen. Deshalb solltest du dieses Verhalten deines Hundes kontrollieren können.

Im Grunde ist das Anspringen nicht schlimm. Ein Welpe macht dies bei einem erwachsenen Hund und leckt seine Lefzen. Dadurch zeigt der Welpe seine Untergebenheit und bettelt um Essen. Der erwachsene Hund würgt daraufhin Futter hoch und gibt es dem Welpen. Es ist eine untergebene Geste, die nicht unbedingt unterbunden werden muss. Von erwachsenen Hunden wird dieses Verhalten meistens akzeptiert.

Menschen sind allerdings oft empfindlicher, wenn sie von einem Hund angesprungen werden. Schließlich gibt es auch Personen, die Angst vor Hunden haben. Kinder und ältere Menschen können von einem großen Hund sogar umgeworfen werden. Das kann ein richtiges Problem werden.
Desto länger der Hund mit dem Anspringen Erfolg hat, desto stärker wird er dieses Verhalten verinnerlichen. Deshalb musst du bereits im Welpenalter daran arbeiten. Sobald er dich anspringt, drehst du dich wortlos um und ignorierst ihn. Du sagst kein Wort. Sobald er sich beruhigt hat, bekommt er eine Belohnung. Wenn du diese Übung bereits von Anfang an mit deinem Welpen machst, wird er das Anspringen sehr schnell aufgeben. Wenn du jedoch wartest, bis sich

das Verhalten ritualisiert hat, wird es sehr schwer, es einem erwachsenen Hund abzutrainieren.

Niemanden beißen (wirklich effektiv!)

Die Beißhemmung ist für Hunde das absolut wichtigste, um mit anderen Lebewesen zusammenzuleben. Ein Welpe, der auf die Welt kommt, beißt hemmungslos zu. Schließlich weiß er nicht, dass er anderen damit wehtun kann.
Genauso ist es auch bei Menschenkindern. Sie schlagen und treten ohne Hemmungen und ohne böse Absicht. Andere Menschen sagen ihnen, dass das wehtut und sie vorsichtiger sein sollen. Nur dadurch entwickeln wir Menschen die Hemmung, andere mit voller Kraft zu schlagen.
So funktioniert das auch bei Hunden. Wenn ein Welpe einen anderen Welpen beißt und dieser vor Schmerzen fiept, lässt der Welpe los und merkt, dass das nicht gut war. Die Beißhemmung, die unter Hunden entsteht, ist allerdings eine andere als die bei Menschen. Denn Hunde haben eine deutlich dickere Haut und zusätzlich Fell. Deshalb tut das Beißen ihnen nicht so schnell weh. Dein Welpe muss deshalb lernen, dass er auch bei Menschen vorsichtig sein muss.

Solange dein Welpe noch so jung ist, tut ein Biss zwar in der Regel nicht so weh, aber er wächst schnell heran. Und plötzlich ist ein Biss nichts Harmloses mehr, sondern kann für richtige Verletzungen sorgen. Deshalb musst du deinem Welpen die Beißhemmung bereits sehr früh beibringen.

Im Grunde ist das überhaupt nicht schwer. Du machst es ähnlich wie die Hunde untereinander. Wenn du mit deinem Welpen spielst und er dich dabei beißt, brichst du das Spiel sofort ab und ignorierst deinen Hund für ein paar Sekunden. Er muss merken, dass er einen Fehler gemacht hat. Wenn er sich wieder beruhigt hat, spielt ihr weiter. Wenn du hier einige Male absolut konsequent bist, wird dein Welpe schnell verstanden haben, dass er vorsichtig sein muss.
Solltest du einen Welpen haben, der beim Spielabbruch nicht lockerlässt, sondern weiter beißt, kannst du einen Schnauzgriff machen. Du legst deine Hand dabei über die Schnauze des Hundes. Dabei sollst du ihm natürlich nicht wehtun. Die Hand kann ganz locker sein. Dies ist nur ein Zeichen an deinen Welpen, dass er dieses Verhalten unterlassen soll.

Bellen unterbinden

Das Bellen ist eine sehr unbeliebte Angewohnheit unserer Hunde. Aber es ist auch eine Art der Kommunikation. Du kannst und solltest deinem Hund das Bellen nie ganz abgewöhnen. Denn damit macht sich dein Hund verständlich. Allerdings sollte dein Hund nicht alles und jeden anbellen. Dafür brauchst du eine gute Sozialisierung. Wenn dein Hund von allem möglichem überfordert ist, hat er oft den Drang zu bellen. Ein Hund, der selbstbewusst durch das Leben geht, bellt eher selten.

Es gibt keinen Trainingsplan, durch den du das Bellen deines Hundes abstellen kannst. Das liegt daran, dass es sehr viele Gründe für das Bellen gibt. Wenn dein Hund aus Angst bellt, kannst du ihn nur aus der Situation entfernen und ihn langsam an die beängstigende Situation gewöhnen.
Manche Hunde bellen, wenn sie allein gelassen werden. Andere bellen, wenn sie etwas von ihrem Besitzer wollen. Um einen Hund zu haben, der möglichst wenig bellt, musst du ihn optimal sozialisieren und gut erziehen. In diesem Fall sieht dein Hund nur selten einen Grund zum Bellen.

Du solltest schon in sehr jungem Alter damit beginnen, deinem Welpen klar zu machen, dass er für Bellen keine Belohnung kriegt. Wenn dein Welpe bellt, weil er sein Spielzeug haben will, weil ihm langweilig ist, weil er hungrig oder ungeduldig ist, bekommt er genau das nicht, was er haben möchte. Das Spielzeug, das er haben möchte, wird weit oben auf den Schrank gelegt, wenn er anfängt zu bellen. Erst wenn er für eine Weile ruhig war, darf er das Spielzeug haben. Lass ruhig eine Menge Zeit vergehen.

Sobald ein Welpe nur ein Mal die Erfahrung gemacht hat, dass das Bellen zum Erfolg führt, wird er dies regelmäßig probieren. Achte deshalb konsequent darauf, dass das Bellen deines Hundes nie zum Erfolg führt. Wenn du ihn auf dem Arm hast und er bellt, weil er auf den Boden möchte, behältst du ihn so lange auf dem Arm, bis er aufhört zu bellen.

Betteln abtrainieren (falls gewünscht)

Das Betteln ist ein überlebenswichtiges Verhalten für alle Hunde. Wenn ein Welpe überleben will, muss er sich durchsetzen und sich zur Zitze drängen. Ein Hund, der sich zurücklehnt und wartet, bis sein Futter zu ihm kommt, wird nicht lange überleben.

Im Zusammenleben mit dem Menschen ist das Betteln für den Hund jedoch nicht so wichtig, denn sein Halter sorgt dafür, dass der Hund versorgt ist. Deshalb können viele Menschen das Betteln nicht leiden. Ob du deinem Welpen das Betteln abgewöhnen möchtest, bleibt dir überlassen. Nur die wenigsten Hunde betteln überhaupt nicht. Denn wenn du möchtest, dass dein Hund sich nicht erwartungsvoll an den Tisch setzt, musst du dafür sorgen, dass er nicht ein einziges Mal Erfolg damit hat. Weder bei dir noch bei irgendjemand anderem.
Und das ist die Schwierigkeit. Denn andere Menschen halten sich meistens nicht so konsequent an den Trainingsplan. Ihnen ist meistens nicht bewusst, wie viel Arbeit Hundetraining ist. Wenn es dir also wirklich wichtig ist, dass dein Hund absolut nicht bettelt, musst du jedem, mit dem du essen gehst, klar machen, wie wichtig es dir ist, dass dein Welpe kein Essen am Tisch kriegt. Ganz klar ist, dass du deinem Hund das Betteln nur abgewöhnen kannst, wenn er konsequent nie etwas vom Tisch kriegt.

Obwohl diese Trainingsaufgabe so einfach ist, fällt sie den meisten Menschen unglaublich schwer. Denn unsere Vierbeiner wissen schon, welche Knöpfe sie bei den Menschen drücken müssen. Ein süßer Blick, ein leichter Stups mit der Schnauze oder der Pfote und ein leises Winseln verfehlen fast nie ihre Wirkung. Wenn allerdings all dies nicht funktionieren sollte, verfällt der Hund in eine Art Depression. Niedergeschlagen legt er seinen Kopf auf die Pfoten. Er wirkt traurig und als hätte er aufgegeben. Sobald sich jedoch eine Hand in Richtung Boden bewegt, steht der Hund wieder stramm. Wenn du deinem Hund das Betteln abgewöhnen möchtest, musst du hier stark sein. Aber auch alle anderen Menschen müssen stark bleiben.

Jetzt stellt sich die Frage, ob man seinem Hund das Betteln überhaupt abgewöhnen muss. Das muss jeder für sich selbst entscheiden. Im Grunde ist das Betteln nicht schlimm. Allerdings kann es nerven, wenn man mit dem Hund ins Restaurant geht. Manche Hunde betteln sehr offensiv, vielleicht sogar lautstark und betteln auch an den Tischen von fremden Menschen. In diesem Fall ist der Hund nicht wirklich für ein Restaurant geeignet.

Du kannst deinem Hund allerdings auch ein angemessenes Bettelverhalten beibringen. Es gibt Futter, wenn dein Hund lieb und nett neben dem Tisch sitzt und dich anguckt. Sobald er jedoch winselt, bellt oder die Schnauze oder die Pfote einsetzt, gibt es nichts. Dadurch gewöhnst du deinem Hund das Betteln nicht ab, aber du lenkst es in eine angenehme Richtung.

So kannst du mit deinem Hund entspannt in Restaurants gehen. Denn kein Mensch wird sich wegen einem süßen Blick beschweren.
Wenn es dich allerdings nervt, dass dein Hund jeden Tag neben dem Tisch liegt und dich anbettelt, musst du ihm das Betteln konsequent abgewöhnen.

An die Leine gewöhnen

Die Leine ist für keinen Hund umgänglich. Sie ist im Zusammenleben zwischen Mensch und Hund jedoch absolut wichtig. Das liegt nicht daran, dass wir unseren Hund einschränken möchten. Wir wollen ihn beschützen. Auf den Straßen der Städte lauern einfach zu viele Gefahren, als dass wir einen kleinen übermütigen Welpen frei herumlaufen lassen könnten. Wenn du deinen Hund perfekt erziehst, kannst du ihn vielleicht später fast immer freilaufen lassen. Doch wenn du deinen Welpen frisch abgeholt hast, gilt Leinenpflicht. Denn du kennst ihn noch nicht gut genug, um sein Verhalten einzuschätzen. Er könnte abhauen und auf die Straße rennen.

So wichtig die Leine ist, so ungewohnt ist sie jedoch für den Welpen. Du musst ihn langsam daran gewöhnen. Dafür beginnst du mit dem Halsband. Dies legst du deinem Hund um und lässt ihn damit ein wenig in der Wohnung herumlaufen. Irgendwann machst du es wieder ab. Der Hund hat gelernt, dass das Halsband keine Einschränkung und kein wirkliches Problem ist. Irgendwann kannst du eine Leine an dem Halsband befestigen und lässt deinen Hund damit eine Weile herumlaufen. Er soll sich einfach nur daran gewöhnen. Die ersten Spaziergänge sollten kurz sein und an ruhigen Orten stattfinden.

Das Gewöhnen an die Leine hat allerdings noch nichts mit dem entspannten Laufen an der Leine zu tun. Anfangs wird dein Welpe dazu neigen, an der Leine zu ziehen. Du solltest darauf achten, dass du nicht zurückziehst.
Vor allem aber solltest du von Anfang an darauf achten, dass dein Welpe mit seinem Ziehen an der Leine nicht erfolgreich ist. Sobald er in eine Richtung zieht, bleibst du stehen oder gehst in die andere Richtung. Wenn die Leine wieder entspannt ist, darf dein Welpe zu dem Objekt seiner Begierde. Für das erfolgreiche und gezielte Leinenführigkeitstraining machst du es am besten so, dass du jedes Mal, sobald sich die Leine spannt, die Richtung wechselst. Dein Hund wird irgendwann so verwirrt sein, dass er sich an dir

orientiert und dir immer mal wieder einen Blick zuwirft. Diesen solltest du unbedingt belohnen. Entweder mit einem lobenden Wort oder sogar einem Leckerli. Zwischendurch solltest du deinem Welpen auch die Möglichkeit geben, sich ordentlich auszupowern. Danach kann er sich viel besser auf dich und das Training konzentrieren.

Die Gewöhnung an die Leine geht in der Regel sehr schnell. Das Leinenführigkeitstraining erfordert wiederum deutlich mehr Geduld.

Alleine lassen

Kein Welpe kann von Natur aus allein bleiben. Das liegt daran, dass Hunde normalerweise jede Sekunde des Tages gemeinsam verbringen. Sobald sie vom Rudel getrennt werden, befinden sie sich in akuter Lebensgefahr. Das gilt besonders für Welpen. Sie könnten sich niemals allein durchschlagen und brauchen ihren Rudel. Behalte im Kopf, dass dein Welpe um sein Leben fürchtet, wenn er allein ist. Zumindest in den ersten Versuchen.

Deshalb solltest du ihn niemals einfach für eine Stunde allein lassen und denken, er gewöhnt sich schon dran.

Das wäre für eure Beziehung und das Wohlbefinden deines Hundes eine Katastrophe.

Der allererste Schritt beim Alleinbleiben ist tatsächlich nicht das Schließen der Wohnungstür hinter sich, sondern das Verlassen eines Zimmers. Viele Welpen gewöhnen sich an, ihrem Frauchen oder Herrchen immer hinterherzulaufen in der Wohnung. In den ersten Tagen ist das in Ordnung. Dein Hund kennt sein neues Zuhause noch nicht und muss sich erst einleben. Deshalb sucht er deine Nähe. Nach einigen Tagen solltest du allerdings damit anfangen, deinem Hund das Hinterherlaufen auszutreiben. Denn wenn dein Hund nicht einmal in einem Zimmer allein bleiben kann, wird er auch nicht in der Wohnung allein bleiben können.

Wenn du einen Welpen hast, der dir ständig hinterherläuft, kannst du ihn einfach mal richtig nerven. Du läufst so lange in der Wohnung hin und her, bis sich dein Welpe von selbst in sein Bett legt. Diese Übung machst du nun mehrmals am Tag, bis dein Welpe irgendwann gar nicht mehr anfängt, dir hinterherzurennen.

Wenn du an diesem Punkt bist, kannst du anfangen, ihn in der Wohnung allein zu lassen. Du solltest unbedingt vermeiden, ein großes Drama zu machen. Es gibt keinen Abschied, der Hund wird nicht gekuschelt.

Ohne ein Wort verlässt du die Wohnung, schließt die Tür hinter dir und entfernst dich ein ganzes Stück von der Tür. Das Entfernen von der Tür ist wichtig, weil dein Hund ansonsten weiß, dass du noch davorstehst. Schließlich nimmt er deinen Geruch wahr.
Du kannst zum Beispiel die Post reinholen. Beim ersten Mal solltest du deinen Hund höchstens eine Minute allein lassen. Danach kommst du wieder rein. Mach auch darum kein großes Drama. Du kannst ihn kurz begrüßen und setzt dich dann sofort entspannt auf die Couch, bis dein Hund sich beruhigt hat. An diesem Tag solltest du deinen Welpen mehrere Male für etwa eine Minute allein lassen. Das machst du für mehrere Tage, bis dein Hund vollkommen entspannt ist.
Wenn das der Fall ist, kannst du die Zeiten langsam verlängern. Achte darauf, dass du nicht zu große Schritte machst und deinen Hund nicht überforderst. Wenn du es allerdings schaffst, dass dein Welpe eine halbe Stunde allein sein kann, wird auch eine Stunde kein Problem sein.

Egal wie gut du das Alleinbleiben trainierst, dein Hund braucht trotzdem deine Nähe. Länger als sechs bis sieben Stunden sollte ein Hund nie allein sein müssen. Schließlich muss er seine Geschäfte verrichten und will auch mal beschäftigt werden.

Jagdverhalten in den Griff kriegen

Jeder Hund hat das Jagen im Blut. Schließlich ist das ihre Nahrungsquelle. Manche Hunde jagen stärker, manche weniger. Um einen Hund mit geringem Jagdtrieb zu bekommen, solltest du dir die verschiedenen Hunderassen ansehen. Schließlich gibt es Hunderassen, die zum Jagen gezüchtet wurden. Diese sind natürlich deutlich stärkere Jäger. Um das Jagdverhalten zu unterbinden, musst du frühzeitig eingreifen. Bereits in jungem Alter zeigen sich erste Ansätze. Zum Jagdverhalten gehört das Orten, das Fixieren, das Anschleichen, das Hetzen, das Packen, das Töten, das Zerreißen und das Fressen der Beute. Die meisten Hunde zeigen nur einzelne Teile des Jagdverhaltens und nicht mehr den ganzen Ablauf.

Ein erstes Anzeichen von Jagdverhalten ist es bereits, wenn der Hund seine Ohren spitzt, den Körper anspannt und konzentriert in eine bestimmte Richtung guckt. Dein Hund hat dort etwas wahrgenommen und versucht, die Beute zu orten. Sobald er weiß, wo sie sich befindet, hetzt er hinterher. Wenn du erst versuchst einzugreifen, wenn dein Hund bereits rennt, bist du zu spät dran. Du musst bereits beim Orten der Beute eingreifen.

Bereits im Welpenalter solltest du das Jagdverhalten deines Hundes unterbinden. Ansonsten wird es im fortgeschrittenen Alter zu einem großen Problem. Um das Jagdverhalten kontrollieren zu können, solltest du deinem Hund das Kommando „Bleib“ beibringen. Du startest ganz einfach und fügst dann immer mehr Reize hinzu, die dein Hund aushalten muss.

Neben dem Unterdrücken des Jagdtriebes solltest du deinem Hund allerdings auch die Möglichkeit geben, seinen Trieb auszuleben. Dies allerdings unter kontrollierten Bedingungen.
Das geht am besten mit dem Futterbeutel. Damit kannst du deinem Hund das Apportieren beibringen. Wenn dein Hund allerdings lieber schnüffelt und seine Beute aufspürt, kannst du den Futterbeutel auch verstecken und ihn von deinem Hund suchen lassen. Durch diese Beschäftigungen kannst du deinen Hund ordentlich auslasten. Ein ausgelasteter Hund neigt weniger zum Jagen als ein gelangweilter Hund.
Neben all diesen Dingen ist allerdings auch der Rückruf entscheidend. Dieser muss perfekt sitzen, damit du deinen Hund in fast jeder Situation und vielleicht sogar vom Jagen abrufen kannst.

Sicher draußen unterwegs ohne Verletzungen

Ein Hund, der in der Stadt lebt, sollte einigermaßen verkehrssicher sein. Nur die wenigsten Hunde können an der Straße ohne Leine laufen. Allerdings bietet es sich für jeden Hund an, an der Straße händelbar zu sein. Schließlich kann es immer mal passieren, dass ein Hund sich aus seinem Geschirr oder seinem Halsband windet. Oder vielleicht rennt dein Hund in die Nähe einer Straße, während du ihn nicht angeleint hast.

Damit dein Hund unangeleint an einer Straße entlanglaufen kann, muss der Rückruf perfekt sitzen. Außerdem muss dein Hund das Stehenbleiben am Bordstein und das Überqueren der Straße auf Kommando verinnerlicht haben. Ganz klar ist, dass dein Hund an Autos, LKWs, Fahrräder, Motorräder und alle anderen Fahrzeuge gewöhnt sein muss. Er sollte außerdem kein Jagdverhalten gegenüber diesen Verkehrsmitteln zeigen.

Bereits von Anfang an solltest du darauf Wert legen, dass dein Hund an der Straße stehenbleibt. Anfangs läufst du nur neben den Autos entlang, damit dein Welpe sich daran gewöhnt. Wenn du das erste Mal die Straße überqueren möchtest, lässt du deinen Hund sitzen oder Platz nehmen. Sobald du das Kommando

gibst, lauft ihr über die Straße. Dieses Verfahren behältst du konsequent bei. So lernt dein Hund, dass er nur auf dein Kommando eine Straße überqueren darf. Das Ziel ist es, dass dein Hund von ganz allein an der Straße stehenbleibt und sich hinsetzt. Denke daran, dass dein Hund immer an der Bordsteinkante sitzen bleibt. Das ist eine Grenze, die er verstehen kann.
Wenn ihr an einer Straße seid, die von Autos zugeparkt ist, sodass du von der Borsteinkante aus nicht sehen kannst, ob ein Auto kommt, lässt du deinen Hund an der Bordsteinkante warten, während du vorausgehst und guckst, ob ein Auto kommt. Erst auf dein Kommando darf der Hund die Straße überqueren. Wenn dieser Ablauf bei deinem Hund sitzt, kannst du dich ziemlich sicher fühlen.

Besonders in den dunklen Jahreszeiten solltest du deinen Hund unbedingt gut sichtbar machen. Lege ihm ein leuchtendes Halsband oder einen leuchtenden Mantel an, damit dein Welpe von Autos und anderen Verkehrsteilnehmern gesehen wird.

Wenn du all diese Dinge einhältst, ist dein Hund perfekt auf die Stadt vorbereitet und kann sich ziemlich sicher zwischen Autos bewegen. Aber kannst du deinen Hund jetzt auch ohne Leine an Straßen laufen lassen?

Das kannst nur du selbst entscheiden. Wie sehr vertraust du deinem Hund, dass er nicht auf die Straße rennt?
Wenn alle diese Trainingsschritte perfekt sitzen, kannst du ihn ohne Leine laufen lassen. Sei dir allerdings bewusst, dass immer Fehler passieren können, egal wie gut dein Hund trainiert ist. Du kannst dir daher niemals hundertprozentig sicher sein, dass dein Hund nicht auf die Straße laufen wird. Ein gutes Training bietet dir dennoch sehr viel Sicherheit.

Futteraggressionen vorbeugen und abtrainieren

Einige Hunde neigen dazu, Futteraggressionen zu entwickeln. Das ist ein Verhalten, das in der Natur absolut sinnvoll ist. Schließlich muss der Hund schauen, wie er an sein Essen kommt. In der Haustierhaltung ist das jedoch ein sehr unerwünschtes Verhalten. Schließlich bekommt dein Hund genug zu fressen. Futteraggressionen sorgen nur für Stress zwischen den Hunden. Manchmal können sich diese Aggressionen allerdings sogar gegen den Menschen richten. Das Gute ist, dass dieses Verhalten noch nicht in dem Welpen vorhanden ist. Du kannst diesem Verhalten daher ganz einfach vorbeugen und wirst dadurch niemals Probleme damit haben. Wenn dein Welpe noch sehr jung ist, solltest du ihn daran gewöhnen, dass du ihm hin und wieder den Napf wegnimmst und ihm anschließend wiedergibst. Das solltest du jedoch wirklich nur selten machen. Ansonsten könnte es passieren, dass dein Hund beim Fressen sehr gestresst ist, weil er Angst hat, dass du ihm sein Futter gleich wieder wegnimmst. Dadurch kann eine Futteraggression erst entstehen. Nimm ihm das Futter nur ganz selten weg und gib es ihm anschließend wieder.

Sollte dein Hund das Knurren ausprobieren, wenn du nach dem Futternapf greifst, solltest du dich davon nicht einschüchtern lassen und den Napf trotzdem wegnehmen. Ansonsten merkt dein Hund, dass ihn das Knurren in diesem Fall zum Erfolg bringt und es entwickelt sich die Futteraggression, die wir vermeiden wollten.
Wenn du deinen Hund von einem guten Züchter hast, brauchst du dir auch keine Sorgen machen, dass dein Welpe dich beißen wird. Denn er hat ein gutes Sozialverhalten gelernt.

Knabbern an Möbeln abgewöhnen

Knabbern und auch Beißen sind ganz normale Verhaltensweisen von Welpen. Sie erkunden damit ihre Welt und lernen Dinge kennen. Außerdem setzt er seine Zähne ein, um sie sauber und gesund zu halten. Auch ein ausgewachsener Hund sollte daher hin und wieder an Dingen herumkauen. Dadurch bleiben die Zähne gesund.

Wenn du dir einen Welpen ins Haus holst, musst du damit rechnen, dass deine Möbel unter ihm leiden werden. Dessen solltest du dir unbedingt bewusst sein. Wer sich einen Hund ins Haus holt, muss mit Dreck, Haaren und auch einigen Schrammen in den Möbeln rechnen. Dennoch kannst du deinem Hund das Kauen an Möbeln abgewöhnen. Der erste Schritt ist es natürlich, eine Beißhemmung aufzubauen.

Dann gibt es einige Kleinigkeiten, auf die du achten solltest. Dein Hund muss ausreichend gefüttert werden und ausreichend Bewegungs- und Ruhephasen haben. Dadurch befriedigst du die Bedürfnisse deines Hundes. Er ist gesättigt, ausgelastet, aber nicht gestresst.

Das Wichtigste ist es jedoch, Alternativen anzubieten. Deinem Hund sollten immer Kauspielzeuge zur Verfügung stehen. Sobald du ihn erwischst, wie er an einem Kleidungsstück oder einem Möbelstück herumkaut, hältst du ihn davon ab und bietest ihm stattdessen ein Kauspielzeug an. Mit viel Geduld wirst du es irgendwann schaffen, dass dein Hund deine Möbel in Ruhe lässt.

Schutz vor Giftködern

Leider müssen wir auch darüber sprechen. Es ist schrecklich, dass es Giftköder überhaupt gibt. Ausgelegt werden sie von psychisch und sozial beeinträchtigten Menschen, die eine übertriebene Abneigung gegen Hunde haben. Sie präparieren Leberwurst oder andere Leckereien mit Angelhaken, Rasierklingen oder Rattengift. Das Ziel ist es, dass der Hund, der diesen Giftköder isst, daran stirbt. Und leider waren auch bereits einige Giftköder erfolgreich.

Natürlich möchtest du unbedingt verhindern, dass dein Hund einen solchen Giftköder erwischt. Sei deshalb immer auf dem Laufenden. Unter Hundehaltern spricht es sich schnell herum, wenn Giftköder in einem bestimmten Bereich ausgelegt wurden. Es gibt sogar eine App, die du herunterladen kannst. Dort werden alle gefundenen Giftköder angezeigt. Halte dich von diesen Bereichen fern, um keine unnötige Gefahr einzugehen. Alle Hunde sind der Gefahr von Giftködern ausgesetzt, denn sie sind immer auf der Suche nach Futter und sobald sie etwas finden, schlingen sie es runter. Mit Welpen und jungen Hunden musst du allerdings besonders vorsichtig sein. Denn sie sind noch viel neugieriger und naiver als ältere Hunde.

Wenn du sicher gehen möchtest, dass dein Hund nicht von einem Giftköder erwischt wird, kannst du mit ihm ein Giftködertraining machen. Dafür bringst du deinem Hund bei, dass er kein Futter vom Boden aufnehmen darf. Du brauchst für diese Übung eine Menge Geduld, denn es ist ein sehr unnatürliches Verhalten für Hunde, gefundenes Futter nicht sofort zu verschlingen.
Eine große Hilfe ist es, wenn du deinem Hund bereits die Impulskontrolle beigebracht hast und er auch ein Abbruchkommando beherrscht. Dadurch kannst du im Notfall eingreifen.
Es gibt jedoch noch eine nette Übung, die euch beiden Spaß machen könnte. Du bringst deinem Hund bei, das gefundene Futter anzuzeigen, anstatt es zu essen. Um dieses Verhalten einzustudieren, versteckst du ein tolles Leckerli und beobachtest deinen Hund ganz genau. Sobald er das Futter gefunden hat, lobst du ihn überschwänglich und lässt ihn sitzen. Dann gibst du ihm ein anderes Leckerli, das dein Hund noch lieber

mag. Diese Übung musst du mehrmals wiederholen. Wenn dein Hund sehr gefräßig ist und das Futter schon im Mund hat, bevor du ihn loben konntest, kannst du dir ein Hilfsmittel nehmen. Ein Obstkorb oder ein Bäckerkorb, was auch immer du findest, kann dir dabei helfen, diese Übung umzusetzen. Wichtig ist nur, dass es ein Gegenstand mit Löchern ist, den du über das Futter stellen kannst. Dein Hund wird zuerst versuchen, an das Futter heranzukommen. Sobald er zur Ruhe kommt, lässt du ihn sitzen oder Platz machen und belohnst ihn dafür.
Das Futter unter dem Korb bekommt er nicht. Denn das ist ja der Sinn der Übung. Wenn du dich sicher fühlst, kannst du die Körbe weglassen. Gleichzeitig ist es wichtig, dass dein Hund kein Futter auf dem Boden findet.

Wenn du diese Übung eintrainierst, musst du deinen Hund immer an der Leine haben. Denn wenn du ihn frei rumlaufen lässt, könnte er Futter finden und das würde dein Training gefährden. Wenn du dieses Training für eine Weile durchziehst, wirst du schnell Erfolge sehen. In Zukunft soll sich dein Hund immer hinsetzen, wenn er ein Stück Futter findet. Dafür kriegt er dann eine besondere Belohnung. Wenn du dort angekommen bist, ist euer Training abgeschlossen.

Die Schwierigkeit ist hier, dass du deinen Hund immer gut im Blick haben musst. Wenn du dich für ein paar Sekunden abwendest und nicht siehst, dass dein Hund dir ein Stück Futter anzeigt, könnte er auf die Idee kommen, es doch zu essen. Damit das nicht passiert, kannst du deinem Hund beibringen, das Futter zusätzlich durch Bellen anzuzeigen.

Du kannst ihm jedes Verhalten beibringen, das du möchtest. Du kannst deinen Hund auch eine Rolle machen oder in die Luft springen lassen. Was auch immer du möchtest. Natürlich bringst du dem Hund nur das bei, was ihm kein Leid zufügt.

Wie du dem Welpen die wichtigsten Grundkommandos beibringst, erfährst du nun.

Grundkommandos – kinderleicht die ersten Befehle beibringen

Die Grunderziehung, die dein Welpe beherrschen sollte, ist sehr umfangreich. Schließlich ist dein Welpe wie ein unbeschriebenes Blatt. Du musst die richtigen Worte und Techniken finden, um von Anfang an alles richtig zu machen. Wenn du deinem Hund diese Grunderziehung beibringst, hast du einen perfekt erzogenen Hund, um den dich viele beneiden werden. Aber das erfordert sehr viel Arbeit. Und neben all der Grunderziehung sollte dein Hund auch noch einige Kommandos beherrschen.

Die in diesem Kapitel erklärten Kommandos sind wichtig für die Erziehung deines Hundes. Deshalb sollte er sie können. Allerdings gibt es noch viele weitere Kommandos, die er lernen kann. Das Beibringen von „Pfötchen geben“ zum Beispiel oder „Nicken“ hat nur den Zweck, dass dein Hund seinen

Kopf anstrengen muss und ihr beide Spaß miteinander habt. Du solltest deinem Hund daher ein Leben lang Kommandos beibringen, um ihn immer wieder zu fordern. Die ersten Kommandos in diesem Kapitel, die dein Hund lernen sollte, sind ein wichtiger Teil in der Erziehung.

Wann ist es Zeit für das erste Training?

Du kannst bereits ziemlich früh mit dem Training anfangen. Das Training für die Stubenreinheit beginnt bereits am ersten Tag und auch einige weitere Erziehungsmaßnahmen kannst du bereits am ersten Tag einführen.

Übertreibe es allerdings nicht. Denn an diesem Tag wurde dein Welpe von seiner Familie getrennt und kam in eine ganz neue Umgebung. Das ist sehr viel für ihn, deshalb sollte ein gezieltes Training an diesem Tag noch nicht stattfinden. Er muss sich erstmal einfinden. In der ersten Nacht kannst du noch rücksichtsvoll mit deinem Hund sein und die Nacht gemeinsam mit ihm verbringen. Diese Nähe ist wichtig. Das Training für die Stubenreinheit geht nachts weiter. Sobald er nervös wird, kommt er nach draußen, um sein Geschäft zu verrichten. Wenn du möchtest, kannst du deinem Hund bereits am ersten Tag ein Kommando beibringen. Das ist sogar ratsam, denn dadurch beschäftigst du dich intensiv mit deinem Hund, was die Bindung stärkt. Außerdem lenkst du ihn von den Gedanken an seine Hundefamilie ab und machst ihm so die Trennung leichter. Du kannst mit einem leichten Training anfangen. Gestalte das erste Training nicht zu lange. Fünf bis zehn Minuten reichen am ersten Tag vollkommen aus. Dies kannst du mit der Zeit steigern.

Woran erkenne ich, dass mein Welpe überfordert ist?

Wenn du deinen allerersten Welpen ins Haus holst, bist du wahrscheinlich voller guter Vorsätze und willst alles richtig machen. Dadurch kann es schnell passieren, dass du deinen Welpen überforderst, indem du ihm zu viele Kommandos auf einmal beibringen möchtest oder die Trainingseinheiten zu lang gestaltest. Wenn das der Fall ist, kann sich dein Hund nicht gut konzentrieren und das Training macht ihm außerdem deutlich weniger Spaß. Fünf bis zehn Minuten sind für einen jungen Welpen vollkommen ausreichend. Du solltest immer nur ein Kommando einstudieren. Eines der ersten Dinge neben der Stubenreinheit, was dein Hund

lernen sollte, ist sein Name. Denn dass er darauf reagiert, ist das Wichtigste.
Da jeder Hund unterschiedlich ist, musst du unbedingt den Charakter deines Welpen kennenlernen. Sensible Hunde sind schneller überfordert als selbstbewusste Hunde. Das musst du unbedingt miteinbeziehen. Deshalb gibt es auch keine allgemeinen Vorgaben dafür, wie lange ein Hund am Tag geistig und körperlich gefordert werden muss.
Du musst deshalb auf die Anzeichen achten, die von deinem Hund kommen. Wenn er überfordert ist mit deinem Training, könnte er das durch die folgenden Verhaltensweisen zeigen:

- Gähnen
- Schütteln (Dies machen Hunde oft, um Stress abzuschütteln)
- Unruhe und Nervosität
- Beißen in die Leine
- Ständiges Kratzen (Checke zuerst, ob dein Hund Flöhe oder andere Parasiten hat)
- Hecheln bei kühlen Temperaturen

- Häufiges Lecken und Knabbern
- Appetitlosigkeit

Einzeln können diese Verhaltensweisen auch eine Krankheit ankündigen oder absolut harmlos sein. Wenn dein Hund jedoch vollkommen gesund ist und dennoch immer wieder mehrere dieser Verhaltensweisen zeigt, könnte es sein, dass du deinen Hund überforderst.

Allerdings gibt es auch Anzeichen dafür, dass du deinen Hund nicht genügend beschäftigst. Dazu zählen:

- Grundloses und häufiges Bellen
- Jagen nach dem eigenen Schwanz
- Zerkratzte Möbel, ausgefranste Teppiche, umgegrabene Blumenbeete und weitere Möglichkeiten der Beschäftigung
- Aggressionen
- Apathisches Verhalten (bei zu langer Vernachlässigung)

Unter- und Überforderung sollten in der Hundehaltung vermieden werden. Natürlich kann es mal sein, dass du einen Tag lang die Bedürfnisse deines Hundes nicht genügend oder zu viel befriedigst. Das ist nicht weiter schlimm. Uns Menschen geht das schließlich auch manchmal so. Du solltest allerdings darauf reagieren und das Trainingspensum anpassen. Dein Hund sollte auf keinen Fall dauerhaft unter Über- oder Unterforderung leiden. Denn ansonsten könnte es zu dauerhaften Schäden kommen.

Nun aber starten wir mit den wichtigsten Kommandos.

Nein

Das „Nein“ ist ein Kommando, das jeder Hund beherrschen sollte. Es ist das sogenannte Abbruchsignal. Dieses kann natürlich lauten wie du möchtest. Du kannst es auch „Pfui“ oder „Stopp“ oder wie auch immer nennen. Wichtig ist nur, dass du es ordentlich eintrainierst. Du kannst auch zwei verschiedene Signale antrainieren. Eins, mit dem du deinem Hund sagst, dass er etwas nicht essen soll (Impulskontrolle) und ein Abbruchsignal, wenn er bereits am Essen ist.

Das erste Signal kannst du ganz einfach durch positive Verstärkung antrainieren. Du nimmst ein Stück Futter in die Hand, hältst es deinem Hund hin und sagst dein Kommando. Der Hund wird das Futter nehmen wollen, da er das Signal ja noch nicht kennt. Daraufhin schließt sich deine Hand. Sie bleibt so lange verschlossen, bis dein Hund zur Ruhe gekommen ist. Dann öffnest du die Hand erneut und sagst dein Kommando. Sobald der Hund wieder an das Futter möchte, schließt sich die Hand. Dieses Prozedere wiederholst du so lange, bis dein Hund verstanden hat, dass er das Futter nicht bekommt.
Wenn er das Futterstück nicht nimmt, obwohl die Hand offen ist, lobst du ihn und gibst ihm ein Leckerli aus der anderen Hand. Das kann ruhig ein ganz besonderes und besseres Leckerli sein. Das verstärkt den Effekt. Denn der Hund lernt, dass er etwas noch Besseres bekommt, wenn er auf dich hört.

Dieses Training machst du jeden Tag ein paar Mal. Je nachdem, wie geduldig dein Hund ist, verinnerlicht er es schnell oder weniger schnell. Hier ist wieder mal deine Geduld gefragt. Dein Hund benötigt seine Zeit, denn die Impulskontrolle ist wirklich schwierig für Hunde. Wenn du deinem Hund dieses Signal mit viel Geduld eingetrichtert hast, wird er zukünftig viel besser zu steuern sein für dich. Du kannst ihm verbieten, ein Stück Futter zu essen. Doch dafür musst du es selbst rechtzeitig sehen. Manchmal gelingt dir das nicht. Denn unsere Hunde haben gute Nasen und erschnüffeln manchmal Dinge, die für uns gar nicht als Futter zu erkennen sind. Wenn dein Hund bereits am Fressen ist, wird dein Hund dem Signal zur Impulskontrolle eventuell nicht gehorchen. Dies kommt immer darauf an, wie verfressen dein Hund ist. Wenn er beim Fressen auf dein Signal hört, ist alles super. Dann brauchst du gar kein Zweites.

Sollte dein Hund allerdings nicht darauf reagieren, musst du mit einer Maßregelung arbeiten, um ein Abbruchsignal einzustudieren. Du stellst deinem Hund eine große Schüssel mit Futter hin. Tue beim ersten Training Futter hinein, welches dein Hund eh nicht allzu gerne isst. Er sollte es natürlich schon essen, aber es sollte auch nicht zu hart für ihn sein, wieder aufzuhören. Außerdem sollte es sich um kleine Futterstücke handeln, damit dein Hund nicht alles auf einmal verschlingt. Lass deinen Hund fressen.

Nach kurzer Zeit sagst du dein Abbruchsignal. Dein Hund wird höchstwahrscheinlich nicht mit dem Fressen aufhören. In diesem Fall gibst du ihm einen leichten Stoß im Halsbereich. Dabei darfst du ihn selbstverständlich nicht verletzen. Dies ist nur eine leichte Maßregelung, damit dein Hund versteht, dass sein Verhalten falsch war. Gerade beim ersten Mal solltest du besonders sanft sein mit der Maßregelung, denn manche Hunde reagieren sehr sensibel darauf. Wenn du weißt, wie dein Hund darauf reagiert, kannst du die Maßregelung immer noch verstärken. Du nimmst die Schüssel wieder weg und wartest ein paar Sekunden. Nach einer Weile stellst du die Schüssel wieder hin und der Hund darf erneut fressen. Es könnte sein, dass dein Hund sich dann nicht mehr traut, weil er die Maßregelung auf die Schüssel oder das Futter bezogen hat. Wenn das der Fall ist, kannst du ein bisschen variieren und deinem Hund eine andere Schüssel mit anderem Futter hinstellen oder das Futter aus der Hand geben. Denn er soll die Maßregelung speziell auf dein Signal beziehen.

Mach diese Maßregelung nur zwei- oder dreimal hintereinander und lass deinen Hund danach einmal alles auffuttern. Denn er soll merken, dass du ihn nicht immer beim Fressen unterbrichst. Gib ihm etwas Pause und führe das Training ein paar Stunden später fort. Sollte dein Hund beim allerersten Anwenden des Signals mit dem Fressen aufhören, feierst du ihn dafür und belohnst ihn mit einem ganz besonderen Leckerli.

Dass er aufgehört hat, war vermutlich nur ein Zufall, aber wenn du ihn dafür ausgiebig feierst, könnte es sein, dass er auch beim zweiten Ertönen des Signals aufhört. Dadurch musst du deine Maßregelung gar nicht anwenden und kannst deinem Hund das Abbruchsignal lediglich durch positive Verstärkung beibringen.

Beide Signale sind wichtig. Besonders, wenn du einen verfressenen Hund mit einer guten Nase hast. Dieser wird ganz schnell auf Futter stoßen. Darunter könnten sich auch Schokolade und andere Lebensmittel befinden, die für deinen Hund sehr schädlich sind.

Komm

Mit diesem Kommando ist der zuverlässige Rückruf gemeint. Dieser ist absolut wichtig. Denn jedem Hund sollte die Möglichkeit gegeben werden, sich frei und ohne Leine bewegen zu können. Das ist allerdings nur möglich, wenn er auch zu dir zurückkommt, wenn du ihn rufst. Das ist nicht nur für dich, sondern vor allem für andere Menschen wichtig. Es gibt Menschen, die Angst vor Hunden haben und nicht von einem angesprungen werden wollen. Es gibt Menschen mit Blindenhunden. Wenn der Blindenhund von deinem

Hund abgelenkt wird, könnte er einen Fehler machen, der seinem Besitzer das Leben kostet.
In vielen Situationen ist es wichtig, dass du deinen Hund abrufen kannst. Wie du siehst, ist damit nicht gemeint, dass dein Hund kommt, wenn er gerade gelangweilt in der Welt herumsteht. Er muss auch unter starken Ablenkungen kommen. Das ist die allerhöchste Stufe der Kontrolle über deinen Hund und sehr schwierig zu trainieren. Wenn du dich für ein Wortsignal entscheidest, hast du das Problem, dass deine Stimme sehr variiert und sich ganz anders anhört, wenn du wütend oder aufgeregt bist. Das kann auch deinen Hund darin beeinflussen, ob er kommt oder nicht. Die bessere Variante ist deshalb die Hundepfeife. Diese klingt immer gleich.

Wie trainierst du das Signal ein? Als erstes muss dein Hund verstehen, dass nach der Pfeife eine Belohnung folgt. Da es sich um eines der schwierigsten Signale für den Hund handelt, solltest du auch das beste Leckerli hervorkramen, das du finden kannst. Dieses gibt es nur für das Zurückkommen und zu keinem anderen Zeitpunkt mehr. Denn nur dadurch bleibt es auch etwas ganz Besonderes.
Du setzt dich mit dem Leckerli vor deinen Hund und hältst es ihm hin. Deine Hand schließt sich immer

wieder, wenn der Hund es nehmen will. Irgendwann wird er verstehen, dass er es nicht nehmen darf. Dann gibst du dein Signal und hältst deinem Hund das Leckerli näher hin. Er wird es nehmen. Diese Übung führst du 20 bis 30 Mal am Tag aus. Schon bald wird dein Hund das Leckerli mit dem Signal verknüpfen.

Das Ziel ist, dass du ihm das Leckerli hinhältst und er den Kopf direkt wegdreht, weil er weiß, dass er es eh nicht haben darf. Wenn du das Signal gibst, stürzt sich dein Hund auf das Futter, ohne dass du deine Hand auch nur ein annährend bewegst. Er soll lediglich auf das Signal reagieren.

Wenn das der Fall ist, kannst du deinen Hund hin und wieder in der Wohnung rufen. Wenn du zum Beispiel ins Bad gehst, rufst du deinen Hund mit dem Signal. Sobald er kommt, gibt es das besondere Leckerli und ein großes Lob. Dieses Rufen kannst du dann auch draußen anwenden.

Sei aber vorsichtig. Bei diesem Signal gibt es keine Maßregelung. Denn wenn du deinen Hund nach Ertönen des Signals maßregelst, weil er nicht gekommen ist, vergiftest du das Signal. Es ist nicht mehr rein positiv und dein Hund hat dadurch nicht das Verlangen, unbedingt zu dir kommen zu müssen. Das heißt, wenn dein Hund nicht kommt, kommt er nicht und du kannst nichts tun. Deshalb solltest du das Signal nur anwenden, wenn du sicher bist, dass dein Hund auch kommt. Sollte es ein- oder zweimal passieren, dass dein Hund nicht hört, ist das kein Weltuntergang. Sobald es öfter vorkommt, wird dein Hund jedoch lernen, dass er das Signal auch einfach ignorieren kann. Du musst deshalb in besonders kleinen Schritten vorangehen.

Wenn dein Hund bei leichten Ablenkungen gut hört, kannst du einen Schritt weiter gehen. Diesen solltest du zuerst in der Wohnung machen. Finde eine größere Ablenkung in Form von einem besonders gut riechenden Futter oder einem besonders tollen Spielzeug und versuche deinen Hund zu rufen. Sobald dies gut funktioniert, kannst du einen Schritt weiter gehen und das Ganze irgendwann auch draußen umsetzen.

Geduld ist unfassbar wichtig. Bis dein Hund perfekt auf den Rückruf hört, wird viel Zeit vergehen. Aber wenn es endlich so weit ist, brauchst du dir keine Gedanken mehr machen und kannst deinen Hund überall frei herumlaufen lassen.

Sitz

Das beliebte Sitz. Warum ist das wichtig? Mit dem Kommando „Sitz“ kannst du deinen Hund zum Entspannen bringen. Du reißt ihn aus seiner Aufregung heraus, indem du ihm ein Kommando gibst. Du lenkst seine Konzentration auf dich und sorgst so dafür, dass er sich ein wenig entspannt. Das muss natürlich nicht „Sitz“ sein, sondern kann auch alles andere sein. „Sitz“ ist aber das einfachste Kommando. Deshalb sollte jeder Hund zumindest ein Kommando beherrschen. Im Laufe der Zeit kannst du deinem Hund allerdings ruhig mehrere beibringen. Denn dadurch kannst du ihn geistig auslasten.

Es ist sogar sehr einfach, deinem Hund das Kommando „Sitz“ beizubringen. Was du vermeiden solltest, ist, seinen Po runterzudrücken. Dadurch wird er nur dagegen drücken und ihr erreicht nichts. Stattdessen bringt es viel mehr, wenn du ihm ein leckeres Stück Futter über seinen Kopf hältst. Du hältst es so hoch, dass er nicht rankommt und hältst es so weit nach hinten, damit sich dein Hund automatisch hinsetzt, um es noch sehen zu können. Wenn sich dein Hund weigert, sich hinzusetzen, kannst du ihm leicht über den Po streicheln und versuchen, ihn ein kleines bisschen runterzudrücken. Sobald du aber merkst, dass

dein Hund dagegen drückt, solltest du die Hand wegnehmen. Wenn sich dein Hund hinsetzt, ertönt dein Signal und er bekommt das Futter. Das Futter gibt es aber immer erst, wenn du das Signal gesagt hast.
Wenn du diese Übung mehrmals am Tag wiederholst, wird dein Hund das Sitzen sehr schnell lernen. Begleitend zu deinem Wortsignal kannst du auch noch ein Handzeichen verwenden. Die meisten Hunde reagieren viel besser auf das Handzeichen als auf das Wortsignal, da sie allgemein deutlich mehr über Körpersprache kommunizieren.

Bleib

Das Letzte der vier Grundkommandos ist das „Bleib“. Dieses ist in vielen Situationen hilfreich. Denn durch das Kommando kannst du deinem Hund zu verstehen geben, dass du auf jeden Fall wiederkommst. Wenn ihr in ein Restaurant geht oder in einer anderen neuen Umgebung seid, könnte es sein, dass sich dein Hund an deine Fersen heftet. Er wird dir überall hinterherlaufen. Manchmal ist das ganz schön nervig. Zum Beispiel, wenn du nur kurz auf die Toilette gehen möchtest.
In diesem Fall kannst du deinem Hund einfach das Kommando zum Bleiben geben und er wird sich

entspannt hinlegen, weil er weiß, dass du gleich wiederkommst und er dann eine Belohnung bekommt. Es erleichtert daher euch beiden das Leben. Außerdem ist es relativ einfach zu trainieren. Du gibst deinem Hund das Kommando zum Bleiben und gehst rückwärts ein paar Schritte von ihm weg. Wenn er dabei sitzen bleibt, gehst du zu ihm zurück, lobst ihn und gibst ihm ein Leckerli. Anschließend entfernst du dich ein bisschen weiter. Wenn er sitzen bleibt, gehst du wieder zu ihm und belohnst ihn. Das führst du immer weiter fort, bis du sogar den Raum verlassen kannst, ohne dass dein Hund dir hinterhergerannt kommt.

Beim Training musst du absolut konsequent sein. Wenn dein Hund aufsteht und dir folgen möchte, machst du einen bedrohlichen Schritt auf deinen Hund zu und bringst ihn an die gleiche Stelle zurück. Anschließend gibst du erneut das Kommando und entfernst dich ein paar Schritte. Nur wenn der Hund brav sitzen bleibt, gibt es auch eine Belohnung. Das „Bleib" ist dadurch schnell gelernt.

Wenn du dich aus dem Zimmer entfernen kannst, ohne dass dein Hund dir hinterhergerannt kommt, kannst du auch leichte Ablenkungen hinzufügen und vielleicht die Kühlschranktür öffnen oder mit der Leckerli-Tüte knistern. Wenn dein Hund brav sitzen bleibt, gibt es eine tolle Belohnung.

Alles, was du über Gesundheit, Ernährung & Schlaf des Welpen wissen solltest

Schlaf

Wir alle wissen, dass Welpen voller Leben und Schabernack stecken! Aber die Erkundung der Welt ist eine harte Aufgabe, und Welpen brauchen viel Schlaf, um die während des Lernens verbrauchte Energie auszugleichen. Welpen sind wie Babys und stehen vor den gleichen Herausforderungen, wenn es darum geht, die Welt um sie herum zu verstehen. Wie bei Babys ist es auch bei Welpen unwahrscheinlich, dass sie die ganze Nacht durchschlafen. Wenn sie noch sehr jung sind, müssen Welpen möglicherweise aufwachen, um sich zu erleichtern.

Es ist wichtig, das Schlafverhalten deines Welpen im Auge zu behalten. Wusstest du, dass die Schlafphasen, die ein Hund durchläuft, nicht so weit von den menschlichen Schlafphasen entfernt sind? Das sind sie:

Erstarrung/Benommenheit: Dies ist die erste Phase und entspricht dem Übergang vom Wachzustand in den Schlafzustand. Sie dauert nur wenige Minuten und der Hund kann perfekt auf äußere Reize reagieren.

Leichter Schlaf: In dieser Phase wird es für den Hund schwieriger, abrupt aufzuwachen, aber das Gehirn kann immer noch plötzliche körperliche Reaktionen hervorrufen. Es werden die ersten physiologischen Veränderungen beobachtet und die Herzfrequenz sinkt.

Tief- oder Deltaschlaf: Dauert etwa 20 Minuten und ist durch breite Gehirnströme und einen langsamen Atemrhythmus gekennzeichnet. In dieser Phase sind Träume noch nicht üblich.

REM-Phase: Dies ist die Phase der schnellen Augenbewegung, gekennzeichnet durch eine sehr hohe Hirnaktivität, die Träume erzeugt. In dieser Phase können wir beobachten, dass der Hund seine Beine oder Ohren bewegt.

Ist es normal, dass ein Welpe viel schläft?

Wenn dein Welpe viel schläft, ist es verständlich, dass du anfangs besorgt sein könntest, aber das ist völlig normal und deutet nicht auf Störungen bei dem Welpen hin. Wie viel Schlaf kann ein Welpe unter normalen Bedingungen bekommen? Bis zum Alter von 12 Wochen schläft ein Welpe 18 bis 20 Stunden pro Tag, da sich sein Körper im Entwicklungsstadium befindet, so dass Ernährung und Ruhe für den Beginn eines gesunden Lebens unerlässlich sind.

Du musst bedenken, dass für einen Welpen alles neu ist und die Aufnahme aller aus der Umwelt gewonnenen Informationen für ihn anstrengend ist. Ab einem Alter von 12 Wochen wird der Welpe jedoch allmählich aktiver, sodass er neue Aktivitäten (sowohl körperliche als auch geistige) in seine tägliche Lebensweise integriert.

Soll ich den Welpen wecken?

Will dein Welpe nicht aufwachen, obwohl du ihn sanft anrührst? Welpen sind liebenswert, und es ist unerlässlich, sie mit Liebe anzunehmen. Aber auch wenn du Lust hast, ihn die ganze Zeit zu kuscheln, zu streicheln und zu halten, denk daran, dass der Welpe ein Lebewesen mit persönlichen Bedürfnissen ist, kein Spielzeug. Unter keinen Umständen solltest du den Schlaf deines Welpen unterbrechen, denn das wäre schlecht für die normale Entwicklung seines Körpers, der sehr viel Energie benötigt, um alle Organe und Körperfunktionen reifen zu lassen. Wie eben schon gesagt, ab einem Alter von 3 Monaten wirst du sehen, dass dein Hund nach und nach aktiver wird und somit mehr Zeit hat, allmählich eine Routine aufzubauen. Du solltest jedoch keine Eile haben und die gewöhnlichen Zeiten für die Entwicklung deines Welpen respektieren.

Ernährung

Muttermilch ist die ideale Anfangsnahrung für einen Welpen, da sie reich an allen Nährstoffen ist, die der Welpe benötigt, um gesund und kräftig aufzuwachsen. Obwohl Welpen im Alter von sechs bis acht Wochen entwöhnt werden können, beginnen die meisten mit drei bis vier Wochen, sich für feste Nahrung zu interessieren - in der Regel, indem sie in der Schüssel der Mutter herumtollen und das Futter von ihren Pfoten lecken!

Dies ist der beste Zeitpunkt, um damit zu beginnen, Welpennahrung bereitzustellen. Wenn du ein Trockenfutter wählst, gib Wasser hinzu und püriere es zu einem Brei. Wenn der Welpe wächst, füge weniger Wasser hinzu und gib ihm immer mehr trockenes Futter. Lasse dich nicht dazu verleiten, deinen Welpen zu früh zu entwöhnen, denn eine zu frühe Umstellung auf eine ausschließlich feste Nahrung kann das noch nicht ausgereifte Verdauungssystem deines Welpen beeinträchtigen.

Wie viel Futter du dem Welpen geben solltest:
Sehr oft essen Welpen mehr mit den Augen als mit dem Magen (Ebenso wie wir Menschen :-))! Um das richtige Gleichgewicht zwischen dem, was er braucht, und Überfütterung zu halten, gebe ihm häufiger kleine Mengen an Nahrung. Dies hängt von dem Alter, der Größe und den Empfehlungen deines Tierarztes ab. Beginne fünfmal täglich mit einem Löffel Futter, solange dein Welpe noch säugt, und befolge diese allgemeine Richtlinie:

- Vom Beginn der festen Nahrung bis zur Entwöhnung (in der Regel zwei Monate): 4-6 Mahlzeiten pro Tag.

- Zwei bis drei Monate: 4 Mahlzeiten pro Tag.

- Vier bis sechs Monate: 2-3 Mahlzeiten pro Tag.
- Nach sechs Monaten: 2 Mahlzeiten pro Tag (je nach Rasse).

Überlaste deinen Welpen nicht, denn zu viel Futter kann sein Verdauungssystem belasten oder unnötigen Druck auf sein Skelett ausüben, wenn er in kurzer Zeit zu viel Gewicht zunimmt. Beides ist nicht gut für die Gesundheit deines Welpen, also gehe bei der Planung seiner Mahlzeiten vorsichtig vor.
Lese die Anweisungen zur Fütterung auf der Verpackung seiner Lebensmittel immer sorgfältig, da sie einen guten Anhaltspunkt bieten. Die genaue Futtermenge für den Welpen kann je nach Alter, Rasse, Gesundheitszustand und Energieniveau variieren: Verspielte, aktive Welpen verbrauchen mehr Energie, daher brauchen sie mehr Brennstoff!

Wenn du deinen Welpen regelmäßig wiegst, kannst du sicher sein, dass er das richtige Gewicht für sein Alter, seine Größe und seine Rasse hat. Du kannst dies zu Hause tun, aber wenn du dir nicht sicher bist, wie du es tun sollst, bitte deinen Tierarzt, es dir beizubringen oder bei einer Untersuchung für dich zu erledigen.

Füttere deinen Welpen nicht unmittelbar vor oder nach dem Sport: Lasse zwischen Mahlzeit und Sport eine Stunde verstreichen.
Es ist eine gute Idee, den Welpen daran zu gewöhnen, sich nach dem Fressen eine Weile auszuruhen, um das Risiko von Verdauungsproblemen oder ernsthafteren Störungen zu vermeiden, insbesondere bei größeren und riesigen Rassen, bei denen sich der Magen umdrehen kann. Dieses Phänomen ist als "Magenerweiterung und -drehung" bekannt und stellt einen medizinischen Notfall dar, der dringend tierärztliche Hilfe erfordert.

Gesundheit

Wenn du einen Welpen in dein Leben aufnimmst, musst du genau darauf achten, dass er gesund aufwächst, sowohl was seine Gesundheit als auch sein Verhalten betrifft, und dass er gut aussieht.
Überwache seinen Gesundheitszustand zu Hause und konsultiere deinen Tierarzt, wenn es irgendwelche Warnzeichen gibt. Prinzipiell ist ein gesunder Welpe eher verspielt und selbstbewusst, jedoch nicht schüchtern.

Dies sind Hinweise darauf, dass dein Welpe gesund ist:

1. Leuchtende Augen, keine Flecken oder Makel.
2. Wachsam, achtet auf Geräusche, dreht den Kopf.
3. Saubere Ohren, keine unangenehmen Gerüche.
4. Saubere und gesunde Haut, keine gereizten Stellen, weiches Haar.
5. Zähne gut angeordnet.
6. Keine Defizite in der Haltung der Gliedmaßen.
7. Er sollte nicht dick sein, auch wenn die Welpen wie ausgestopfte Bällchen aussehen, gibt es eine Grenze.
8. Der Kot muss gut ausgeprägt sein, ohne dass Parasiten vorhanden sind.
9. Der Bauch sollte nicht zu sehr herausragen, denn dies deutet auf Parasiten hin.
10. Bei männlichen Welpen die Hoden abtasten. Das Alter, in dem sie herunterkommen, ist von

Fall zu Fall unterschiedlich. Es kann zwischen einer Woche und 8 Monaten liegen.

11. Bei der Sozialisation ist es äußerst wichtig, an sozialen Beziehungen sowohl zu Menschen als auch zu anderen Tieren zu arbeiten, um zukünftige Verhaltensprobleme zu vermeiden.

Dies sind jedoch nur Anzeichen. Als Laie empfehle ich dir, regelmäßig den Tierarzt aufzusuchen. Besonders, wenn eines oder mehrerer dieser Hinweise auftreten.

Nun möchte ich noch auf einige Punkte näher eingehen:

Mund- und Zahnpflege

Zahnprobleme kommen bei Hunden recht häufig vor, daher ist eines der besten Dinge, die du für ihn tun kannst, ihm die Zähne zu putzen. Du kannst spezielle Hundezahnbürsten und Zahnpasta bei deinem Tierarzt kaufen (letzteres ist sehr wichtig). Du solltest keine Zahnpasta von dir benutzen, erstens, weil dein Hund den Geschmack nicht mögen wird (er wird wahrscheinlich eher Fleisch als Minze mögen), und zweitens, weil sie zu viel Schaum macht.

Wenn du bei deinem Welpen Mundgeruch oder Zahnfleischbluten feststellst, informiere deinen

Tierarzt. Welpen im "Teenageralter" haben einen unkontrollierbaren Drang, auf allem herumzukauen. Es gibt verschiedene Theorien darüber, warum sie das tun, aber was immer richtig ist, wenn du deine Lieblingspantoffeln behalten willst, gib dem Welpen Dinge, an denen er kauen kann.

Ohrenpflege

Du solltest die Innenseite der Ohren deines Welpen mindestens einmal pro Woche reinigen. Verwende für jedes einen anderen Wattebausch. Es ist keine gute Idee, Wattestäbchen zu verwenden, weil du ihn verletzen könntest. Stelle sicher, dass seine Ohren frei von überschüssigem Wachs, Sekreten und unangenehmen Gerüchen sind.

Wenn du den Verdacht hast, dass dein Welpe Ohrenprobleme hat, wie z. B. Infektionen, Wunden oder Parasiten, zögere nicht, ihn zum Tierarzt zu bringen.

Stress bei Hunden

Es ist vielleicht nicht dasselbe wie eine "körperliche" Krankheit, aber wenn der Welpe Anzeichen von Stress zeigt, solltest du dir auch Sorgen machen.

Es ist normal, dass dein Welpe in seinen ersten Nächten bei dir zu Hause winselt.

Nach dieser Anfangsphase gibt es weitere Faktoren, die deinen Welpen belasten können. Trennungsstress zum Beispiel ist recht häufig. Schenke ihm viel Liebe, um ihn zu beruhigen. Wenn das Problem jedoch fortbesteht oder gravierender wird, konsultiere deinen Tierarzt.

Vorbeugen ist besser als heilen

Dein Welpe sollte seine ersten Impfungen erhalten haben, bevor er zu dir kam, und der Züchter oder das Tierheim sollte dir ein Dokument aushändigen, das dies belegt. Das Beste, was du für die Gesundheit deines Welpen tun kannst, ist, dich an den Impfplan zu halten. Es ist auch äußerst wichtig, den Welpen regelmäßig zu entwurmen und auf Flöhe untersuchen zu lassen.

Denke daran, dass dein Hund dir nicht sagen kann, dass er sich schlecht fühlt, es liegt also an dir, es zu erahnen. Besorgniserregende äußere Anzeichen sind plötzlicher Appetitverlust, Stimmungsschwankungen, rapider Gewichtsverlust oder -zunahme, Knoten oder Schwellungen, Erbrechen, Durchfall und jegliche Augen- oder Ohrenprobleme.

Ich habe es schon mehrmals proklamiert, und du solltest es ernst nehmen: Wenn etwas mit deinem Hund nicht stimmt, gehe zum Tierarzt!

So findet dein Welpe wahre Freunde

Kontakte zu anderen Hunden

Es ist völlig klar, dass dein Welpe Kontakt zu anderen Hunden haben muss. Schließlich möchtest du einen gut sozialisierten Hund großziehen. Und das geht nur, wenn du ihn die verschiedenen Hunde kennenlernen lässt. Er muss verschiedene Hunderassen, Männchen, Weibchen und alte und junge Hunde kennenlernen. Außerdem wird dein Hund sehr viel Spaß daran haben, mit seinen Artgenossen herumzutollen. Und du wirst es genießen, ihn dabei zu beobachten.

Allerdings ist dein Welpe auch noch sehr jung und sensibel. Er lernt in dieser empfindlichen Zeit unheimlich schnell. Negative und positive Erlebnisse prägen sich unheimlich schnell ein. Deshalb musst du darauf achten, dass dein Hund mit anderen Hunden möglichst ausschließlich positive Erlebnisse macht.

Ansonsten ziehst du einen ängstlichen und unsozialen Hund heran. Wenn du deinen Welpen Kontakte zu anderen Hunden haben lässt, musst du deshalb immer einen Blick auf deinen Hund haben und ihn gut beobachten. Der Satz „Die klären das schon unter sich" ist hier absolut nicht angebracht. Denn du darfst diese jungen Hunde noch nicht mit ausgewachsenen und erfahrenen Hunden gleichsetzen. Im Welpenalter sind Hunde Kindern sehr ähnlich. Sie wissen noch nicht, was richtig und falsch ist, und verhalten sich manchmal wie richtige Rüpel. Es kann sogar zu Mobbingfällen kommen.

Wenn du merkst, dass dein Hund ängstlich ist oder von den anderen Hunden gemobbt wird, holst du deinen Hund zu dir und bietest ihm Schutz. Dadurch lernt er, dass er dir vertrauen kann.
Um zu erkennen, ob es deinem Hund schlecht geht, musst du dich natürlich mit den Verhaltensweisen von Hunden auseinandersetzen. Sobald dein Hund Angst durch seine Körpersprache zeigt oder bei dir Schutz sucht, solltest du ihm diesen auch bieten. Du kannst aber auch am Spiel der Hunde sehen, ob alles in Ordnung ist. Wenn dein Hund Spaß hat, ist sein Körper entspannt. Er bewegt sich freudig hin und her. Sein ganzer Körper ist kurvig und weich. Bei einem

entspannten Spiel werden alle Bewegungen übertrieben. Die Hunde ziehen Grimassen, lassen die Zungen heraushängen, rollen über den Boden und springen wie verrückt durch die Gegend.
Ein wichtiges Anzeichen für ein freundschaftliches Spiel ist auch der Rollentausch. Wenn alle Hunde immer auf einen losgehen, solltest du dazwischen gehen. Nur wenn mal der eine und dann wieder der andere Hund gejagt wird, weißt du, dass es sich um ein angenehmes Spiel für alle Parteien handelt. Auch kurze Unterbrechungen gehören zum Spiel dazu. Die Hunde nehmen sich Zeit, um herunterzukommen, damit das Spiel nicht eskaliert und spaßig bleibt. Ein eindeutiges Zeichen für ein Spiel ist außerdem die bekannte Spielaufforderung. Dabei legt der Hund seine Vorderpfoten auf den Boden und streckt den Hintern in die Luft. Wenn er diese Haltung einnimmt, will er eindeutig spielen.

Anfangs ist es sehr schwierig zu erkennen, ob die Hunde angemessen miteinander spielen oder nicht. Du hast einfach noch nicht so ein geschultes Auge dafür, wenn du Hundeanfänger bist. Das ist ganz normal. Nach einiger Zeit wirst du genau wissen, worauf du achten musst. Wenn du noch unsicher bist, kannst du erfahrene Hundehalter oder einen Hundetrainer zu

Hilfe rufen. Es ist wichtig, dass du darauf achtest, wie sich dein Welpe bei Hundekontakten fühlt. Denn wenn du deinem Hund in dieser empfindlichen Zeit nicht hilfst, wird er es schwer haben, Vertrauen zu dir aufzubauen. Im schlimmsten Fall könnte er sogar ein Trauma erleiden und andere Hunde in Zukunft meiden. Er könnte sich dauerhaft zu einem ängstlichen Hund entwickeln, wenn er in diesen jungen Jahren lauter negativer Erfahrungen sammelt.

Natürlich ist es klar, dass dein Hund andere Hunde treffen soll. Dies sollte aber nur kontrolliert stattfinden, damit er auch eine schöne Zeit hat. Schließlich würdest du deine Kinder auch nicht einfach unkontrolliert in eine Gruppe voller fremder Kinder schmeißen, die du nicht kennst.

Die Welpengruppe

Die Welpengruppe ist eines der beliebtesten Möglichkeiten, um den Welpen Kontakte knüpfen zu lassen. Falls du noch nicht weißt, was das ist, kommt hier eine kurze Erklärung. Eine Welpengruppe wird von einem Hundetrainer geleitet, der mehrere Welpen zusammenführt und sie miteinander spielen lässt.

Im Grunde ist dies eine gute Idee. Denn ältere Hunde können mit einem kleinen quirligen Welpen oft nichts anfangen. Dieser ist ihnen zu aufgeregt. Wenn du also keinen Welpen in deiner Nachbarschaft hast, mit dem dein Welpe spielen kann, ist eine Welpengruppe eine schöne Alternative. Dein junger Hund kann sich dort ordentlich austoben und Freunde in seinem Alter treffen. Das bedeutet natürlich nicht, dass dein Hund keinen Kontakt zu älteren Hunden haben sollte. Dein Welpe muss alle möglichen Hunde in allen möglichen Altersklassen kennenlernen. Ältere Hunde sind auch sehr gut, um dem kleinen Welpen seine Grenzen aufzuzeigen.

Wenn du deinen Welpen in eine Welpengruppe schicken möchtest, solltest du auf eine gute Qualität achten. Denn nicht jede Welpengruppe ist wohltuend für deinen Hund.
Bei einer guten Welpengruppe erhältst du am Anfang eine theoretische Einführung, in der du auch Fragen stellen kannst. Das gibt dir ein wenig Sicherheit. Die Welpen sollten alle ein ähnliches Alter haben. In der Regel sollten die Welpen zwischen 8 und 16 Wochen alt sein. Ganz klar ist, dass alle Welpen in dieser Gruppe gesund und geimpft sein müssen.

In einer guten Hundegruppe sollte ein Trainer höchstens 5 – 6 Welpen betreuen. Ansonsten fällt es auch dem geschulten Trainerauge schwer, alle Welpen ausreichend zu überwachen. Auch in einer Welpengruppe ist es schön, wenn ein älterer Hund vorhanden ist. Dieser kann dem Trainer helfen, das Ganze zu überwachen und die kleinen Hunde in die Schranken zu weisen.
Länger als 60 Minuten sollte eine Welpenstunde nicht dauern. In dieser Zeit sollten die Welpen allerdings nicht durchgehend spielen. Viel besser ist es, wenn der Trainer das Spiel durch kurze Gehorsamkeitsübungen unterbricht.

Du solltest natürlich auch darauf achten, welche Qualifikationen der Hundetrainer hat. Besonders gut ist es, wenn eine Schnupperstunde angeboten wird. Dabei kannst du erkennen, ob der Trainer mit modernen Erziehungsmethoden arbeitet und du damit einverstanden bist, wie er mit den Hunden umgeht.

Nur weil er sich Hundetrainer nennt, musst du nicht mit allem einverstanden sein, was gemacht wird. Wenn du dich bei einer Übung unwohl fühlst, solltest du das direkt ansprechen. Es ist schließlich dein Welpe.

Das ist wahrscheinlich das Wichtigste, was du bei der Suche einer guten Hundeschule beachten solltest: Geht der Hundetrainer angemessen mit seinen Hunden um? Wenn du diese Punkte beachtest, ist eine Welpengruppe eine gute Sache. Du kannst sie zweimal pro Woche besuchen. Öfter sollte es nicht sein, da du deinen Welpen ja auch nicht überfordern möchtest. Dort kann dein Hund lernen, mit anderen Hunden umzugehen und richtig zu spielen. Besonders wichtig ist es, dass dein Welpe dort Hunde verschiedener Rassen kennenlernt. Dadurch sorgst du dafür, dass dein Hund nicht rassistisch wird.

Der Welpenschutz

Der berühmte Welpenschutz wird sehr oft von Hundehaltern angesprochen. Wenn ein Welpe auf einen älteren Hund trifft, fällt dieses Wort sehr oft. Den Welpenschutz gibt es tatsächlich. Allerdings gilt dieser nur im eigenen Rudel. Bei Wölfen wird dieser Welpenschutz in der Regel nur bis zur achten Woche angewendet. Wenn du deinen Welpen bekommst, ist er daher schon aus der Welpenschutzphase raus.
Welpenschutz bedeutet, dass rüpelhaftes Verhalten der Welpen von den älteren Hunden toleriert wird, weil es

sich ja um einen Welpen handelt. Viele Hundehalter gehen davon aus, dass dieser Welpenschutz bei jedem Hund gilt. Inzwischen ist jedoch bewiesen, dass dieser Welpenschutz nur im eigenen Rudel gilt.
Die Hunde, bei denen der Welpe aufwächst, zeigen tatsächlich ein Verhalten, das man als Welpenschutz bezeichnen kann. Wie gesagt, hält dieser allerdings nur bis etwa zur achten Woche. Denn warum sollten die erwachsenen Hunde dauerhaft jedes asoziale Verhalten eines Welpen tolerieren? So würde er ja nichts lernen und zu einem asozialen Hund heranwachsen. Deshalb wird auch ein Welpe für schlechtes Benehmen gemaßregelt. Denn er muss seine Grenzen kennenlernen.

Manchmal erschreckt sich ein Halter, wenn ein älterer Hund seinen jungen Welpen böse anknurrt. Das bedeutet jedoch nicht, dass der ältere Hund asozial ist. Er hat dem jungen Hund lediglich seine Grenzen aufgezeigt. Und das ist wichtig, um ihn mit anderen Hunden verträglich zu machen.
Wenn du mit deinem Welpen draußen unterwegs bist, brauchst du nicht damit rechnen, dass er in irgendeiner Art und Weise einen Welpenschutz genießt. Er wird von anderen Hunden als fremder Hund wahrgenommen und auch ordentlich gemaßregelt, wenn er sich

danebenbenimmt. Das ist auch soweit in Ordnung. Sollte dein Welpe die Maßregelung allerdings nicht verstehen und den älteren Hund immer wieder nerven, solltest du ihn davon abhalten. Wenn dein Welpe den älteren Hund zu sehr nervt und auf Drohungen nicht reagiert, ist es möglich, dass dieser zubeißt.
Wenn du einen erwachsenen Hund siehst, der gelassen auf deinen Welpen reagiert, hat das nichts mit Welpenschutz zu tun. Viele erwachsene Hunde mit einer guten Erziehung lassen das rüpelhafte Verhalten von vielen Welpen über sich ergehen, weil sie die Erfahrung gemacht haben, dass sie damit besser zurechtkommen. Das heißt allerdings nicht, dass sie nicht von dem Welpen genervt sind. Du solltest nicht zulassen, dass dein Welpe andere Hunde zu sehr stresst. Besondern wenn der Hund bereits eine Drohung ausgesprochen hat. Denn einen Welpenschutz gibt es auch für deinen süßen Hund nicht.

Bei der ersten Begegnung mit anderen Hunden solltest du deshalb besonders aufmerksam sein. Am besten ist der Welpe dabei angeleint. Dadurch kannst du ihn aufhalten, wenn er zu stürmisch wird. Außerdem solltest du den anderen Besitzer vorher fragen, wie sein Hund auf Welpen reagiert. Denn einige Hunde können mit der stürmischen und übermütigen Art von Welpen nichts anfangen und reagieren schnell aggressiv. Solche negativen Erfahrungen können ein großes Problem für deinen Welpen werden. Sei deshalb sehr vorsichtig. Wenn die Hunde sich gut verstehen sollten, können sie sich auch ohne Leine begegnen. Dennoch sollten sie weiterhin genau beobachtet werden. Achte auch darauf, wie der Größenunterschied zwischen den Hunden ist. Denn ein großer Hund weiß manchmal gar nicht, was er für Kräfte besitzt. Dadurch kann er einen deutlich kleineren Hund schwer verletzen, obwohl er das gar nicht wollte. Bei einer Maßregelung solltest du nicht sofort eingreifen. Das ist ein guter Weg, damit dein Welpe lernt. Sobald du jedoch eine Gefahr für deinen Welpen vermutest, solltest du eingreifen.

Obwohl dein Welpe bei älteren Hunden keinen Welpenschutz genießt, ist es dennoch wichtig, dass er regelmäßigen Kontakt zu ihnen hat. Wenn du nur Welpengruppen besuchst, wird das nicht ausreichen, um deinen Hund gut zu sozialisieren.

Besonders hilfreich ist es natürlich, wenn dein Welpe Kontakte zu gut erzogenen Hunden hat. Denn er wird sich von ihnen einiges abschauen. Bei schlecht erzogenen Hunden wäre es möglich, dass sich dein Welpe das ein oder andere negative Verhalten abschaut.

Kinder & Welpen – friedlich zusammenleben

Wenn Kinder in der Familie leben und ein neuer Welpe einziehen soll, treten schnell Komplikationen auf. Denn die Kinder müssen erst lernen, mit dem sensiblen Wesen umzugehen. In sehr jungem Alter sind Kinder manchmal noch sehr grob zu Haustieren, was zu einem Problem werden könnte.

Dein Kind muss verstehen, wie sich der Hund ausdrückt und wie er seine Grenzen aufzeigt. Außerdem muss ihm bewusst sein, dass es den Hund nicht treten, schlagen oder am Fell ziehen darf. Der Hund muss auch das Kind in der Familie respektieren. Und er muss lernen, dass sich Kinder anders bewegen als Erwachsene. Kinder sind dynamisch, machen schnelle Bewegungen und laute Geräusche. Das bedeutet, du musst dein Kind an den Hund gewöhnen und deinen Welpen an dein Kind. Es ist nicht immer einfach, ein Kind und einen Welpen im Haushalt zu haben. Aber es hat gleichzeitig auch eine Menge Vorteile. Wenn Kinder bei der Betreuung eines Hundes helfen, lernen sie Verantwortung zu übernehmen. Dabei darfst du niemals denken, dass du deinem Kind die Betreuung des Hundes komplett überlassen kannst. Das wäre naiv. Wenn ein Hund einzieht, müssen die Eltern immer bei der Betreuung mithelfen.

Wenn sich ein Kind um einen Hund kümmert, erhöht das dessen Empathie. Es lernt, wie es mit Tieren umgehen muss und versteht den Kreislauf des Lebens. Ein Welpe bringt außerdem eine Menge Schwung in den Haushalt. Deine Kinder werden mit dem neuen Haustier viel Spaß haben und sich deutlich mehr bewegen.

Die erste Begegnung

Am Anfang ist es am besten, wenn du das Kind langsam an den Hund heranführst, der Hund dann aber selbst entscheiden kann, ob er die letzten paar Schritte überwinden und das Kind beschnuppern möchte. So drängst du deinen Welpen nicht in eine Situation, die ihn überfordert. Du solltest deinem Kind von Anfang an beibringen, dass es zum Beschnuppern eine

geschlossene Faust machen soll. Denn dadurch kann der Hund deinem Kind nicht in die Finger zwicken. Du solltest deinem Kind genau erklären, wo es den Hund streicheln darf.
Da Kinder nicht immer besonders vorsichtig sind, sollten sie den Hund nicht an sensiblen Stellen streicheln. Der Bauch, die Ohren, der Schwanz und die Füße sind tabu. Du solltest deinem Kind sagen, dass es den Welpen nur am Kopf und am Hals streicheln soll. Natürlich musst du deinem Kind klarmachen, dass es niemals an der Haut oder dem Fell des Hundes ziehen darf. Es muss verstehen, dass der Hund die gleichen Gefühle hat wie ein anderes Kind.
Vorsicht ist angesagt. Je nachdem wie alt das Kind ist, kann es schwierig sein, ihm das beizubringen. Wenn dein Kind gerade erst zur Welt gekommen ist, ist das nicht die beste Zeit, um einen Welpen anzuschaffen. Denn das Kind ist Aufregung genug.

Im Alter von etwa 5 bis 6 Jahren ist ein Kind so reif, um zu verstehen, wie es mit dem Welpen umzugehen hat. Wenn dein Kind und dein Welpe zum ersten Mal aufeinandertreffen, solltest du dies am besten in einer neutralen Umgebung machen. Leckerlis und Spielzeug sind tabu. Sie sorgen nur dafür, dass der Hund aufgeregt ist und eventuell schnappt. Das könnte dem

Kind Angst einjagen. Das Kind sollte mit dem Welpen nicht allein sein. Weder beim ersten Treffen noch bei allen anderen Begegnungen danach. Denn es könnte viel zu viel unerwünschtes passieren.

Baby und Welpe in einem Haushalt

Es ist nicht unbedingt ratsam, sich einen Welpen anzuschaffen, wenn gerade erst ein Baby geboren worden ist. Allerdings hängt dies natürlich immer von der persönlichen Situation jedes Menschen ab. Wenn du dich dafür entschieden hast, dass es für dich funktioniert, ist das vollkommen in Ordnung. Wenn du dir einen Hund anschaffen möchtest, eignet sich in dieser Situation ein älterer Hund besser, da Welpen deutlich mehr Aufmerksamkeit fordern. Besonders der Befehl „Nein“ kann sehr hilfreich sein, wenn dein Baby und der Hund sich treffen.

Wenn du bereits einen Welpen hast und ein Baby in die Familie dazukommt, musst du darauf achten, dass dein Welpe das neue Familienmitglied nicht mit negativen Gedanken verbindet. Wenn das Baby nach Hause kommt und du von diesem Zeitpunkt an deutlich weniger Zeit für den Welpen hast, könnte er das mit

dem Baby verbinden. Dadurch kann Eifersucht entstehen. Deshalb solltest du versuchen, deinen Welpen nicht anders zu behandeln als vorher. Nötige Veränderungen sollten bereits vor dem Auftauchen des Babys eingeführt werden. Der Hund muss zum Beispiel lernen, dass nicht alles, was auf dem Boden liegt, sein Spielzeug ist. Und er muss unbedingt darauf hören, wenn du ihm etwas verbietest.
Du kannst eine Babydecke auf den Boden legen, auf der dein Baby spielen darf. Diese ist für den Hund tabu. Er darf nicht einmal eine Pfote darauflegen. Denn das ist die Sicherheitszone des Babys und diese muss der Hund respektieren. Am besten bereits dann, bevor das Baby überhaupt da ist.

Es gibt einen großen Fehler, den viele Menschen machen, wenn sie ein Baby ins Haus bekommen. Sie lassen ihren Hund vorher an Windeln und Klamotten des Babys schnüffeln, damit er sich an das neue Familienmitglied gewöhnen kann. Das ist jedoch ein großer Fehler. Durch dieses Verhalten sagst du deinem Hund, dass er Verantwortung für das Baby hat. Das könnte dazu führen, dass er das Baby verteidigt, aber auch maßregelt. Wenn das Baby schreit, könnte der Hund das Gefühl haben, etwas unternehmen zu müssen. Da er aber nicht weiß, was er tun kann, löst das großen

Stress beim Hund aus. In den ersten Wochen solltest du das Baby von deinem Hund fernhalten. Er darf sich zwar in der Nähe aufhalten, aber er darf nicht zum Baby hingehen.
Dadurch versteht er, dass du das Elternteil bist und die volle Verantwortung übernimmt. Sobald du deinem Hund erlaubst, das Baby kennenzulernen, muss das kontrolliert ablaufen. Sobald sich der Hund dem Baby langsam und vorsichtig nähert, solltest du ihn dafür loben.

Wenn dein Hund sich von bestimmten Bereichen des Hauses in Zukunft fernhalten soll, können Hundegitter dabei helfen. Wenn du dich mit dem Baby beschäftigst, solltest du deinem Hund ein Spielzeug zur Verfügung stellen. Außerdem sollte dein Hund nicht unter Langeweile oder Frust leiden. Das wird zu negativen Verhaltensweisen führen.
Wenn du es nicht schaffst, mit dem neuen Baby genügend Zeit für den Hund zu finden, solltest du einen Dogwalker beschäftigen oder einen Freund oder ein Familienmitglied um Hilfe bitten. Natürlich darfst du dein Baby niemals mit dem Hund alleinlassen. Das ist noch viel zu riskant.

Regeln im Zusammenleben mit dem Hund

Regeln sind in der Hunde- und in der Kindererziehung enorm wichtig. Dadurch kannst du auch das Zusammenleben erleichtern. Da Kinder die Körpersprache der Hunde oft noch nicht gut verstehen, solltest du klare Regeln setzen. Der Hund darf beim Trinken oder Fressen nicht angefasst oder gerufen werden. Er soll dabei absolute Ruhe haben. Außerdem sollte es ein Körbchen oder eine Box geben, in der der Hund seine Ruhe hat. Wenn er sich dort reinlegt, darf er ebenfalls nicht angefasst oder gerufen werden. Wenn der Hund schläft, darf er nicht geweckt werden. Das Ärgern des Hundes muss absolut tabu sein. Sag deinem Kind ganz klar, dass es den Hund nicht kneifen, am Schwanz oder am Fell ziehen, treten oder ins Gesicht pusten darf.
Du musst deinem Kind außerdem ganz klar zu verstehen geben, dass das Knurren des Hundes ein eindeutiges Zeichen ist, dass er seine Ruhe haben möchte.

Nach den ganzen Verboten solltest du natürlich auch einiges erlauben. Zeige deinem Kind, wie es richtig mit dem Hund spielt, wenn es alt genug dafür ist. Du kannst die Regel aufstellen, dass dein Kind ein- oder zweimal

die Woche mit dem Welpen spielen soll. Auch das gemeinsame Gassigehen mit den Hunden und den Kindern ist sehr wichtig.
Doch nicht nur dein Kind muss Grenzen erhalten. Dein Hund muss ebenfalls die Tabuzonen begreifen. Zum Beispiel solltest du ihm klarmachen, dass er nicht ins Bett der Kinder springen darf. Vielleicht ist sogar das ganze Zimmer eine Tabuzone. Bei kleinen Kindern kannst du die Spieldecke für den Hund tabuisieren. Außerdem musst du darauf achten, dass dein Hund gut erzogen ist. Er muss auf die Grundkommandos hören und abrufbar sein. Besonders wichtig ist, dass er versteht, dass jeder Mensch in der Familie zum Rudel gehört und respektiert werden muss. Auch die Kinder. Du kannst deinen Kindern auch beibringen, wie sie sich bei dem Hund Respekt verschaffen.

Das Alter des Kindes spielt eine Rolle

Du kannst dein Kind in die Erziehung des Hundes miteinbeziehen. Das erleichtert allen das Leben. Allerdings kommt es natürlich auf das Alter des Kindes an. Mit unter 10 Jahren solltest du dein Kind nicht mit einem Welpen alleinlassen. Das liegt daran, dass Kinder in diesem Alter oft noch nicht feinfühlig genug sind, um mit dem Hund richtig umgehen zu können. Die Kinder können dem Hund aber vielleicht das Futter hinstellen oder ein Leckerli geben. Das geht aber nur, wenn der Hund nicht zu stürmisch ist. Ein junger Welpe ist in der Regel noch nicht entspannt genug. Er könnte das Kind umschmeißen oder anderweitig verletzen, wenn er zu aufgeregt ist.

Wenn du der Meinung bist, dass dein Kind reif genug ist, kannst du ihm erlauben, mit dem Hund zu spielen. Es kann dem Hund den Ball schmeißen, Leckerlis verstecken oder ihm einen Trick beibringen. Wann dafür der richtige Zeitpunkt ist, musst du selbst wissen. Jedes Kind entwickelt sich anders. Anfangs bist du bei vereinzelten Spielen immer dabei und irgendwann traust du es deinem Kind vielleicht sogar allein zu.

Bei Kindern und Hunden stellt sich oft die Frage, ab wann das Kind allein mit dem Hund Gassi gehen kann. Es gibt keine gesetzliche Vorgabe dafür, ab wann ein Kind allein mit dem Hund unterwegs sein darf. Du musst die Entscheidung daher selbst treffen. Am besten ist es, wenn dein Kind dich häufig auf den Spaziergängen begleitet. Dadurch lernt es sehr viel über den Hund und über das richtige Verhalten in schwierigen Situationen. Irgendwann kannst du dein

Kind den Hund führen lassen und es nur noch begleiten. Erst wenn du dich damit wohlfühlst, kannst du dein Kind allein losschicken.
Es ist absolut wichtig, dass du jede erdenkliche Situation mit deinem Kind durchgehst. Denn es kann immer wieder zu unvorhergesehenen Situationen kommen. Auf diese muss dein Kind vorbereitet sein.

Eine Besonderheit stellen Listenhunde dar. Dies sind Hunde, die der Gesetzgeber als gefährlich einstuft. Bei Listenhunden muss derjenige, der ihn Gassi führt, einen Hundeführerschein besitzen. Diesen kann man jedoch erst machen, wenn man das 16. Lebensjahr vollendet hat. Ein Kind unter 16 Jahren darf daher keinen Listenhund allein ausführen.

Ohne & mit Hundeschule zum wohlerzogenen Welpen

Ist die Hundeschule ein Muss?

Anders gefragt: Warum gehen wir in die Hundeschule? Die Hundeerziehung ist sehr komplex. Viel komplexer als man anfangs denkt. Denn so ein Hund ist ein hochsoziales Wesen. Es benötigt eine sanfte, aber bestimmte Erziehung. Das ist nicht einfach, wenn man keine Erfahrung mit Hunden hat. Deshalb greifen viele Menschen auf eine Hundeschule zurück.
Allerdings gibt es auch im Internet und verschiedenen Büchern eine Menge Informationen, mit denen du zu dem besten Hundetrainer für deinen Hund werden kannst. Dieses Buch ist ein Beispiel dafür. Außerdem wirst du auch eine ganze Menge von deinem Hund selbst lernen. Du kannst dir ganz viel zum Thema Welpen- und Hundeerziehung aneignen. So macht man es schließlich auch mit der Erziehung der Kinder. Man

liest sich ein, holt sich den Rat von erfahrenen Eltern und mischt das mit den eigenen Vorstellungen.

Wenn du von Anfang an alles richtig machst und deinen Hund mit viel Liebe erziehst, wirst du vermutlich keine größeren Probleme haben. Allerdings ist es auch ganz normal, dass du am Anfang unsicher bist. Deshalb hast du eventuell den Drang, dir den Rat von einem richtigen Profi einzuholen. Unter Hundehaltern kursieren nämlich oft merkwürdige Gerüchte und die Aussagen unterscheiden sich teilweise sehr. Deshalb willst du vielleicht die Aussage von einem Profi haben, der dir genau sagt, was richtig und was falsch ist.
Das ist jedoch nicht so einfach. Denn auch die Aussagen von Hundetrainern unterscheiden sich teilweise sehr. Jeder Mensch hat andere Vorstellungen von der richtigen Hundeerziehung. Manchmal stößt du auf eine Hundeschule, in der ein Leinenruck gezielt als Trainingsmethode eingesetzt wird oder der Alpha-Wurf angewendet wird. Manche Hundetrainer gehen grob mit den Hunden um und setzen Trainingsmethoden ein, mit denen du vielleicht nicht zufrieden bist.

Du kannst daher nicht erwarten, dass du zu einer Hundeschule gehst und dort die richtigen Antworten auf alle deine Fragen bekommst. In der Hundeerziehung kannst du allgemein nicht erwarten, dass dir eine andere Person genau sagen wird, wie du dich richtig verhalten musst. So einfach ist die Hundeerziehung nicht.
Du musst selbst lernen, welche Trainingsmethoden für dich und deinen Hund am besten funktionieren. Allerdings kann ein guter Trainer natürlich trotzdem hilfreich sein.

Bevor du in eine Hundeschule gehst, solltest du dich über sie informieren. Schau dir Bewertungen an und hole Meinungen von anderen Menschen ein, die bereits dort waren. Sieh dir die Website an und achte darauf, welche Trainingsmethoden die Hundeschule dort beschreibt.
Manchmal wirbt ein Hundetrainer oder eine Hundeschule auch durch einen Podcast oder einen YouTube-Kanal für sich. Dort erzählt ein Trainer von alltäglichen Problemen mit seinen „Schülern“ und wie er diese löst. Dadurch kannst du bereits feststellen, ob dir der Trainer sympathisch ist und ob du mit seinen Trainingsmethoden einverstanden bist.

Bevor du eine Trainingsstunde buchst, sollte der Trainer dir ein Beratungsgespräch anbieten. Dort könnt ihr euch miteinander vertraut machen und du kannst deine Wünsche erläutern. Du darfst dir auch ruhig Zertifikate zeigen lassen. Es ist wichtig, dass sich der Trainer regelmäßig weiterbildet, damit er nicht bei veralteten Trainingsmethoden hängen bleibt.

Du kannst dich also nicht darauf verlassen, dass eine Hundeschule automatisch alle Probleme lösen wird und du genau weißt, wie du mit deinem Hund umgehen musst. Denn das musst du dir größtenteils selbst erarbeiten. Doch wenn du dir unsicher bist, kann dir eine gut ausgewählte Hundeschule helfen.

Bei manchen Hunden bilden sich im fortgeschrittenen Alter außerdem Probleme heraus. Diese beginnen anfangs unscheinbar. Dein Hund läuft einem Radfahrer hinterher, du machst dir keine großen Gedanken und ein paar Wochen später hat dein Hund einen starken Jagdtrieb gegenüber Radfahrern entwickelt und du weißt nicht, was du dagegen tun kannst. Es gibt auch Hunde, die allgemein einen starken Jagdtrieb haben. Bei manchen schwierigen Verhaltensweisen kommt ein Hundehalter an seine Grenzen.

In diesem Fall kann eine gute Hundeschule helfen. Sei dir aber immer bewusst, dass ein Hundetrainer dir die Trainingsmethoden nur aufzeigen wird. Durchsetzen musst du sie.

Ein Besuch in der Hundeschule ist daher keine Wunderpille, sondern nur eine Unterstützung. Wenn du mit deinem Welpen eine Hundeschule besuchen möchtest, solltest du damit allerdings mindestens eine Woche warten. Dein Welpe muss sich erst in seinem neuen Zuhause einfinden, bevor du mit ihm in eine Hundeschule gehst.

Strafen – doch ohne Gewalt!

Ein Welpe lernt am besten durch positive Verstärkung. Wir Menschen neigen dazu, unseren Hund bewusst Fehler machen zu lassen, um ihn dann dafür zu bestrafen. Wir denken schnell, dass das eine gute Methode ist, um dem Hund zu zeigen, welches Verhalten wir von ihm wünschen.
Dabei ist es die viel bessere Methode, ein positives Verhalten zu verstärken, bevor er einen Fehler macht. Dadurch hat der Welpe sehr viel Spaß am Training und wird viel besser lernen. Trotzdem kommt kein Training ohne Strafen aus. Hier solltest du jedoch zwischen angemessenen und unangemessenen Strafen unterscheiden.

In der Hundeerziehung ist es besonders wichtig, dass du deinem Hund unmittelbar nach seinem Verhalten eine Rückmeldung gibst. Wenn du deinen Hund bestrafen möchtest, musst du dies direkt nach seinem Verhalten tun. Wenn du eine Stunde oder auch nur ein paar Minuten wartest, wird dein Hund keine Verknüpfung mehr zu seinem Verhalten herstellen können. Du musst deinem Hund allerdings keine körperlichen Schmerzen zuführen, um ihn zu bestrafen. Denn genau das solltest du nicht tun. Schließlich möchtest du deinen Hund nicht misshandeln, sondern erziehen. Es gibt viel mildere Methoden der Bestrafung, die viel erfolgreicher sind und eure Beziehung nicht gefährden.

Eine Strafe kann für die Beziehung zu deinem Hund ein großes Problem sein. Denn dein Hund möchte sich auf dich verlassen können. Und das kann er nur, wenn du für ihn berechenbar bist. Wenn er nicht versteht, wofür er bestraft wird, bist du für ihn unberechenbar und er vertraut dir weniger. Genauso sieht es auch bei groben Strafen aus. Dein Hund könnte Angst vor dir bekommen.

Wenn du deinen Hund bestrafst, solltest du deshalb behutsam vorgehen und immer konkret sein. Willkürliche Strafen bringen gar nichts. Wenn du dir unsicher bist, solltest du lieber gar nichts tun. Dadurch richtest du keinen Schaden an. Beim nächsten Mal bist du besser vorbereitet und kannst angemessener reagieren. Die Strafe hängt nämlich immer von dem Verhalten deines Hundes ab. Du musst immer zuerst analysieren, weshalb dein Hund ein bestimmtes Verhalten zeigt. Viel zu schnell neigt ein Mensch dazu, zu denken, dass sein Hund ihn mit dem Verhalten ärgern möchte. Doch das ist nie der Fall. Der Hund lebt seine Triebe aus. Und du musst ihm zeigen, was er darf und was nicht.

Das kannst du auf eine liebevolle und ruhige Art machen. Wenn du weißt, weshalb dein Hund ein Verhalten zeigt, kannst du ihn auch angemessen loben oder bestrafen. Es funktioniert viel besser, wenn du deinen Hund rechtzeitig belohnst, sobald er gutes Verhalten zeigt.

Wie bereits erwähnt, kommt man in der Hundeerziehung dennoch nicht ganz ohne Strafe aus. Du solltest dich allerdings an angemessene Strafen halten. Für einen Hund ist es bereits eine Strafe, wenn du ihn ignorierst, an die Leine nimmst, das Training oder das Spiel unmittelbar beendest, einen bedrohlichen Schritt auf ihn zumachst oder ein Abbruchsignal verwendest. All dies wirkt für uns erstmal klein, aber Hunde sind sensible Wesen und reagieren sehr stark auf diese Art der Bestrafung.

Erfolgreiches Clickertraining mit dem Welpen

Es gibt viele Techniken der Hundeerziehung, und wie du weißt, gehört auch der Clicker dazu. Es ist ein kleines Gerät, mit dem du ein Klickgeräusch erzeugen kannst, das ein sehr charakteristisches Geräusch abgibt. Dieses Geräusch bringt der Hund mit der Belohnung in Verbindung.

Das Geräusch entsteht, wenn das Metallblech im Clicker gebogen wird. Der Clicker ist so konzipiert, dass der Klang immer gleich bleibt und wir ihn so oft benutzen können, wie wir wollen. Heutzutage sind einige dieser Clicker bereits so ausgelegt, dass man die Intensität des Tons bestimmen kann, was sehr nützlich ist. Clicker sind zu einem sehr niedrigen Preis zu bekommen, und die Realität zeigt, dass sie viele Jahre halten.

Die Verwendung ist sehr einfach, und es gibt viele Trainer, die Clicker in ihren täglichen Übungen anwenden.

Wie benutzt man den Clicker?
Der Clicker ist nichts anderes als ein Hinweis für den Hund, dass er den Befehl gut ausgeführt hat, d.h. eine Möglichkeit, mit unserem Hund zu sprechen und ihm zu sagen, dass er es gut gemacht hat. Es geht also grundsätzlich darum, den Clicker dann zu benutzen, wenn der Hund unserem Kommando richtig gehorcht.

Hunde müssen das Klickgeräusch als etwas Positives betrachten, also müssen wir ihnen beibringen, den Klick mit einer Belohnung in Verbindung zu bringen. Es handelt sich um eine Technik der positiven Verstärkung, die wir zwei oder drei Wochen lang durchführen müssen, bevor wir den Clicker als Trainingsgerät einsetzen.

Der einfachste Weg für unseren Hund, den Klick mit einer Belohnung in Verbindung zu bringen, ist, sich mit unserem Hund auf den Boden zu setzen und ihm einfach so ein paar Belohnungen zu geben, wie zum Beispiel kleine Stücke Wurst.

Das Prinzip ist:

1. Du machst einen Klick mit dem Clicker
2. Du gibst dem Hund eine Belohnung und lobst ihn.

Man muss den Welpen nicht extra in die Richtung erziehen, dass er den Klick mit einer Belohnung in Verbindung bringt. Dies verläuft eher unterbewusst, ohne etwas von ihm dafür zu verlangen. Das heißt, wir klicken zum Beispiel jede halbe Minute oder jede Minute, und dann geben wir unserem Hund ein Stück Wurst (oder eine andere Belohnung), während wir ihn loben. Wenn der Hund dies mindestens ein paar Mal am Tag übt, braucht er nur zwei oder drei Wochen, um das Klickgeräusch mit etwas Positivem, einer Belohnung, zu verbinden.

Wann ist der Clicker zu verwenden?
Sobald die Gewöhnung an den Clicker abgeschlossen ist, kannst du ihn im Training einsetzen. Die richtige Art und Weise, ihn zu benutzen, ist, gerade dann zu klicken, wenn der Hund dem Befehl gehorcht.

Der Klick ist der Weg, um deinem Hund „gut gemacht“ zu sagen, wenn er es wirklich richtig gemacht hat.

Angenommen, du trainierst deinen Welpen darauf, sich hinzulegen, wenn du diesen Befehl gibst. Die richtige Weise, den Clicker zu benutzen, ist, ihn genau dann zu klicken, wenn der Hund sich auf den Boden legt. Wenn er also einen Klick hört, wird er wissen, dass er es gut gemacht hat. Es mag ein bisschen seltsam erscheinen, aber so einfach ist die Hundelogik in diesem Fall.

Stelle dir vor, du möchtest deinem Hund beibringen, vorzutäuschen, dass er weint oder traurig ist. Oder mit anderen Worten, du trainierst ihn, seine Pfote ins Gesicht zu halten.
Dann folge diesem Schema:

1. Wähle ein Wort aus, mit dem du dieses Kommando belegen willst. Denke daran, dass es ein Wort sein muss, das dein Hund normalerweise nicht hört, da du sonst Gefahr läufst, dass das Training nicht funktioniert.

2. Befestige dem Hund etwas auf den Mund, das seine Aufmerksamkeit erregt. Zum Beispiel ein Post-it.

3. Wenn du siehst, wie seine Pfote hochgeht, um sie abzubekommen, sagst du das gewählte Wort, zum Beispiel "traurig".

4. Gleich nachdem er es getan hat, lässt du den Clicker ertönen.

5. Obwohl der Hund deine Anweisungen im Prinzip nur mit Hilfe des Clickers befolgen sollte, ist es in Ordnung, kleine Leckerlis zu verwenden, wenn du mit einer neuen Anweisung beginnst. Auf diese Weise wird er es sicher nicht vergessen.

Einige Trainer haben die Idee, dass der Clicker eine Art Wunderkiste ist, die funktioniert, ohne dass man den Hund füttern oder mit ihm spielen muss. Natürlich musst du wie sonst auch eine richtige Erwartungshaltung haben und nicht übertreiben.

Der Clicker ist sehr nützlich. Er ist jedoch nicht unbedingt erforderlich. Wenn du keinen Clicker hast, kannst du ihn ersetzen, indem du mit der Zunge klickst. Um mit der Zunge zu klicken, führe sie einfach an deinen Gaumen und entferne sie schnell, um zu schnalzen.

Beachte diese 6 Dinge und deine Welpenerziehung gelingt zu 100%

Inzwischen hast du eine ganze Menge über die richtige Welpenerziehung gelernt. Fast ein bisschen zu viel. Denn es kann eine ganze Menge schieflaufen. Kleinigkeiten bringen deine ganze Erziehung durcheinander.

Wenn man zu viele Informationen im Kopf hat, kommt man schnell durcheinander. Deshalb gibt es hier ein paar Grundregeln. Die Erziehung ist sehr facettenreich, doch wenn man auf ein paar grundlegende Dinge achtet, kann kaum noch etwas schieflaufen.

1. Mit gutem Beispiel vorangehen

Wie erzieht man sein Kind richtig? Man ist ein gutes Vorbild. Genauso ist es auch beim Hund. Hunde sehen

ihren Halter als vollwertigen Sozialpartner und gucken sich deshalb einige Verhaltensweisen von ihm ab. Damit sind Kleinigkeiten gemeint. Du kannst nicht eine Stunde am Tag ein gutes Vorbild sein und dich ansonsten danebenbenehmen. Denn dein Hund beobachtet dich rund um die Uhr.
Ganz wichtig ist es, dass du entspannt bist. Deine entspannte und ausgeglichene Haltung wird sich auf deinen Hund übertragen. Vor allem bei Treffen mit fremden Hunden. Wenn du dich dabei innerlich anspannst und die Leine kürzer machst, wird dein Hund das merken und sofort ebenfalls angespannt reagieren.

Sei liebevoll zu deinem Hund und gib ihm Zeit für alles. Wenn du ihn rücksichtsvoll erziehst, wird er ebendieses Verhalten auch anderen Menschen und Hunden gegenüber zeigen. Gehe vorausschauend spazieren und helfe deinem Hund, wenn er Probleme hat. Wenn du dich allgemein liebevoll und nett gegenüber deinem Hund verhältst, wird er sich das abschauen. Natürlich reicht das nicht aus, um einen gut erzogenen Hund zu haben. Aber es ist ein Schritt in die richtige Richtung. Wenn du ein schlechtes Beispiel für deinen Hund bist, wirst du es mit der Erziehung deutlich schwerer haben.

2. Gute Sozialisierung

Das A und O in der guten Hundeerziehung ist die Sozialisierung. Dafür ist die Sozialisierungsphase sehr wichtig. In dieser Zeit lernt dein Welpe besonders intensiv. Führe ihn langsam an fremde Hunde heran und sorge dafür, dass er gute Erfahrungen macht. Er muss andere Welpen, erwachsene Hunde, alte Hunde, große und kleine Hunde und unterschiedliche Hunderassen kennenlernen. Sei immer dabei und kontrolliere die Treffen, damit du eingreifen kannst, wenn du merkst, dass es deinem Hund zu viel wird.

Die Sozialisierung betrifft allerdings nicht nur andere Hunde. Dein Welpe muss auch verschiedene Menschen kennenlernen. Kinder, Babys, alte Menschen, verletzte Menschen und körperlich eingeschränkte Menschen. Nur wenn er mit all diesen verschiedenen Menschen gute Erfahrungen sammelt, wird er auch in Zukunft entspannt sein. Wenn dein Welpe Kinder nie richtig kennengelernt hat, könnte er als erwachsener Hund aggressiv auf sie reagieren. Das liegt daran, dass Kinder sich ganz anders bewegen und verhalten als erwachsene. Ebenso sieht es bei alten und körperlich eingeschränkten Menschen aus. Sie laufen ganz anders und daran muss sich dein Welpe erst gewöhnen.

Wenn du einen gut sozialisierten Hund hast, der anderen Menschen und Hunden gegenüber freundlich ist, hast du dadurch mit einem Schlag eine ganze Menge Probleme aus der Welt geschafft und kannst ein viel entspannteres Leben mit deinem Welpen führen.

3. Geduld

Ja, eine grundlegende Einstellung, die du für die Welpenerziehung benötigst, ist die Geduld. Dein Welpe wird dich auf die Probe stellen. Mehr als einmal. Anfangs ist er vermutlich überdreht und muss gezügelt werden. Sobald er in die Pubertät eintritt, stellt er erneut alles in Frage, was du bereits etabliert hast. Vielleicht würdest du deine Meinung über die ganzen Regeln ja inzwischen geändert haben.
In diesen Situationen musst du ruhig bleiben. Du darfst nicht durchdrehen und deinen Hund anschreien. Denn damit wirst du nichts erreichen. Im Gegenteil, dein Hund wird dich nicht mehr ernst nehmen, wenn du ihn willkürlich anschreist. Zeige Geduld und beweise deinem Hund, dass du den längeren Atem hast. Nur so wird er dich als wahres Vorbild sehen und sich nach dir richten. Wenn du die Welpen- und die Teenagerzeit durchgestanden hast, wird sich deine Geduld

auszahlen. Dein erwachsener Hund wird ein treuer Begleiter sein, der dich respektiert und sich nach dir richtet.

4. Regeln sind von Anfang an wichtig

Um deinen Welpen optimal zu erziehen, musst du Regeln aufstellen. Und das von Anfang an. Das sollte durch dieses Buch inzwischen klar geworden sein. Dein Welpe darf sich nicht überall frei bewegen und er hat nicht ständigen Zugang zu Spielzeug und Futter. Wenn er nach etwas verlangt, bekommt er es nicht, damit er merkt, dass er nicht der Mittelpunkt der Welt ist. Die Beißhemmung, der optimale Rückruf und viele weitere Dinge musst du deinem Hund antrainieren.

Wenn du deinem Hund ausreichend Regeln gesetzt und ihm die wichtigen Erziehungsgrundlagen beigebracht hast, weiß dein Hund, dass du der Chef bist. Gemeinsam mit den anderen Facetten, die hier aufgezählt wurden, hast du einen perfekt erzogenen Hund. Also wende das Erlernte aus dem Buch an und setze entsprechende Regeln.

5. Spiel und Spaß

Die Erziehung und die Bindung sind eng miteinander verknüpft. Wenn du eine gute Bindung zu deinem Hund hast, wird dir die Erziehung viel leichter fallen. Dein Hund wird sehr viel lieber mit dir trainieren und sich in deiner Nähe aufhalten, weil er dich nicht verlieren will.

Wie du eine gute Bindung zu deinem Hund erreichst, ist ein ganz eigenes Thema und hast du bereits in einem der früheren Kapitel gelesen. Du musst Vertrauen aufbauen, richtig kommunizieren und vor allem deinem Hund zeigen, dass er Spaß mit dir haben kann.
Deshalb solltest du mit ihm spielen. Natürlich ist jeder Hund unterschiedlich. Manche Hunde jagen gerne einem Ball hinterher, andere erschnüffeln sich ihr Futter und wieder andere gehen gerne mit dir joggen.
Du musst verschiedenes ausprobieren, um herauszufinden, woran dein Welpe Spaß hat. Es gibt unheimlich viele Möglichkeiten, um mit deinem Hund Spaß zu haben. Manchen Menschen ist gar nicht bewusst, was sie alles machen können. Fährst du gerne mit deinem Fahrrad herum? Dann kannst du deinen Hund ans Fahrrad schnallen und daraus eine gemeinsame Aktivität machen. Anschließend könnte ein kleines Picknick im Park folgen und eine

Fahrradtour zurück nach Hause. So könnt ihr gemeinsam einen schönen Tag verbringen. Wenn du lieber joggen gehst, kannst du auch da deinen Hund mitnehmen. Wenn du oder dein Hund auf beides keine Lust habt, könnt ihr euren Sport auch etwas aufregender gestalten.
Hast du schon mal von Dogdancing gehört? Dabei studieren du und dein Hund einen gemeinsamen Tanz ein. Dein Hund lernt, welche Bewegung er auf deine Bewegungen hin machen soll. Anfangs ist das sicherlich sehr schwer allein zuhause umzusetzen, deshalb bietet es sich an, dafür einige Stunden in einer Hundeschule zu nehmen. Achte darauf, dass du nie länger als 15 Minuten am Stück übst. Denn das überfordert ihn zu sehr.

Wenn dir das Dogdancing zu viel ist, kannst du dich auch im Agility versuchen. Dabei bewältigst du gemeinsam mit deinem Hund einen Parcour. Er läuft nach deinen Anweisungen über Rampen, unter Brücken hindurch und springt über Hindernisse. Eine weitere beliebte Beschäftigung ist das Dummy-Training. Du schmeißt deinem Hund einen Dummy oder einen Futterbeutel. Er bringt ihn zu dir zurück und du gibst ihm dafür eine Belohnung.

Deinem Hund das Apportieren beizubringen, ist ziemlich aufwendig. Wenn du es jedoch einmal geschafft hast, kannst du dies in verschiedenen Varianten anwenden. Hast du einen Hund, der gerne rennt, dann ist es am besten, wenn du ihm den Dummy wirfst. Vielleicht hast du aber auch einen Hund, der sich nicht so gerne bewegt und lieber schnüffelt. In diesem Fall kannst du den Dummy oder den Futterbeutel verstecken und ihn deinen Hund suchen lassen. Er muss ihn zu dir zurückbringen und erhält dafür eine Belohnung.

Für einen Hund, der gerne schnüffelt, gibt es weitere Möglichkeiten der Beschäftigung. Du könntest zum Beispiel Mantrailing ausprobieren. Dabei sucht dein Hund nach einem Menschen. Du begleitest ihn dabei mit der Schleppleine und lenkst deinen Hund zurück zur Fährte, wenn er sie mal verlieren sollte.
Du kannst deinem Hund allerdings auch eine Fährte legen. Dabei schleifst du mit deinen Füßen über den Boden und lässt hin und wieder ein Stück Futter fallen. Am Ende der Fährte wartet eine tolle Belohnung auf deinen Hund. Das Ganze lässt du mindestens zehn Minuten wirken. Dann führst du deinen Hund zum Start der Fährte. Dort darf dein Hund mit dem Schnüffeln beginnen. Durch die Leckerlis merkt er, dass deine

Spur interessant ist und er ihr folgen sollte. Am Ende erhält er die große Belohnung. Du folgst deinem Hund wieder mit der Schleppleine, damit du ihn zurück zur Spur führen kannst, falls er sie verliert.
Für eine bessere Bindung zu deinem Hund kannst du auch Obedience-Training machen. Dabei führen du und dein Hund einige Gehorsamkeitsübungen aus.

Dies sind nur einige Beispiele dafür, was du mit deinem Hund alles machen kannst. Wenn für euch noch nicht das Richtige dabei gewesen sein sollte, kannst du ein bisschen recherchieren. Du findest bestimmt ein tolles Hobby für euch beide. Das wird eure Bindung stärken und die Erziehung deutlich einfacher machen. Vor allem in der Pubertät ist es sehr hilfreich, wenn du besonders viel Zeit mit deinem Hund verbringst.

6. Schone deine Möbel

Ein Welpe bringt ganz viel ungezügelte Energie in deinen Haushalt hinein. Du bist dafür verantwortlich, die Energie deines Hundes in die richtigen Bahnen zu lenken. Dafür sind die ganzen Spiele gedacht, die du mit deinem Hund machst. Trotzdem kommt es vor, dass sich dein Hund an deinen Möbeln vergeht. Deshalb

sollte er von Anfang an viel Kauspielzeug zur Verfügung haben. Damit kann er seinen Kautrieb ausleben, ohne dass deine Möbel darunter leiden.
Sobald sich dein Welpe an deinem Mobiliar zu schaffen macht, solltest du ihn davon abhalten und ihm stattdessen ein Kauspielzeug anbieten. Eine Maßregelung ist gar nicht nötig. Wenn du ihn Konsequent davon abhältst, deine Möbel zu zerstören und ihm immer eine Alternative anbietest, wird er ganz schnell eine Verknüpfung erstellen. In Zukunft wirst du deshalb kaum Probleme mit Kratzern in deinen Möbeln haben.

In der ersten Zeit, in der dein Welpe bei dir wohnt, kommt es jedoch vor, dass ein Tischbein oder eine Couch leiden muss. Wenn du ein Möbelstück besitzt, das dir besonders wichtig ist, solltest du es entsprechend gut schützen. Entweder lässt du deinen Welpen gar nicht in das Zimmer, in dem das Möbelstück steht, oder du belegst es mit Folien, damit dein Welpe es gar nicht kaputt machen kann.
Du musst damit rechnen, dass das ein oder andere Möbelstück noch lange von dem Übermut deines Welpen zeugen wird. Das solltest du dir bereits bewusst machen, bevor dein Welpe einzieht. Nur dann kannst du in diesen Situationen entspannt reagieren. In einem

zu reinen und sauberen Haushalt ist ein Hund sowieso nicht willkommen. Denn Hunde machen Dreck. Sie schleppen viel Dreck in die Wohnung und verlieren überall ihre Haare. Und sie machen auch hin und wieder etwas kaputt. Das ist etwas, mit dem jeder Hundehalter leben muss.

Gibt es Problemwelpen?

Ein Welpe ist kein unbeschriebenes Blatt. Er hat bereits viele Eigenschaften in sich. Der Welpe muss charakterlich gut zu seiner neuen Familie passen. Ansonsten kommt es schnell zu Problemen. Ein aufgeregter Welpe, der viel Bewegung braucht, ist in der Regel nicht so gut bei jemandem aufgehoben, der lieber den ganzen Tag in der Wohnung sitzt. Deshalb ist es so wichtig, dass du dir schon vor dem Kauf deines Welpen genau überlegst, welcher Hund zu dir passen könnte.

Das Wort „Problemwelpe" ist keine Entschuldigung dafür, dass du deinen Hund nicht richtig erzogen hast. Allerdings läuft die Erziehung bei einigen Hunden besser als bei anderen. Vielleicht hast du mit deinem Welpen ein großes Problem mit dem Jagdverhalten.

Vielleicht schaffst du es aber auch einfach nur nicht, deinen Hund zur Ruhe zu bringen. Wenn du alle Tipps in diesem Buch verfolgst, bist du die Erziehung richtig angegangen und wirst zum größten Teil einen entspannten und gut erzogenen Hund haben.
Einen richtigen Problemwelpen gibt es tatsächlich nicht. Diesen kannst du nur erschaffen, indem du ihn nicht gut sozialisierst. Dennoch kann natürlich ein Verhaltensproblem auftreten, das du nicht allein lösen kannst. Wichtig ist, dass du nicht verzweifelst. Denn das führt nur dazu, dass du deinen Hund anschreist und das bringt dir keinen Erfolg. Bleib unbedingt ruhig.
Wenn du das Gefühl hast, mit einem Verhalten deines Welpen überfordert zu sein, solltest du dir sofort Hilfe suchen. Je länger du damit wartest, desto größer wird das Problem. Eine gute Hundeschule wird dir helfen, das Problem schnell in den Griff zu kriegen.

Du solltest unbedingt daran denken, dass kein Hund gleich ist. Vielleicht wirst du ein bestimmtes Verhalten nie ganz im Griff haben. Freunde dich mit dem Gedanken an, dass dein Welpe einen individuellen Charakter hat und du dich damit arrangieren musst. Durch eine richtige Erziehung wirst du jedoch einen Hund haben, den du gut unter Kontrolle hast und mit dem du entspannt zusammenleben kannst.

BONUS: 10 Hundespiele für drinnen & draußen

Genau wie wir Menschen müssen auch Hunde ihren Verstand beschäftigen. Aus diesem Grund sind Spaziergänge und soziale Beziehungen zu anderen Tieren und Menschen unerlässlich, um Langeweile bei Hunden zu vermeiden und mehr oder weniger gravierende Verhaltensstörungen zu verhindern. Das Gehirn eines Hundes zu stimulieren, ist auch eine Möglichkeit, ihn glücklicher zu machen. Und das Spielen mit dem Hund ist ein nützliches Mittel, um seine Intelligenz zu trainieren.

In dieser Auflage des Buches schenke ich dir 10 Spiele, die sich vor allem daran orientieren, deinen Hund geistig zu fordern. Eine Art Gehirnjogging also. Du hast es schon ausgiebig mitgekriegt: Spiel & Spaß sind für einen Welpen elementar. Wenn er dabei gleichzeitig noch was lernst, ist das doch wunderbar.

1. Das Versteckspiel mit dem Hund

Ein fleißiger Hund ist ein glücklicher Hund. Ihn dazu zu bringen, während des Spaziergangs seinen eigenen Rucksack zu tragen (mit seinen persönlichen Sachen) oder die Zeitung nach Hause zu bringen, sind Übungen, die sein Gehirn trainieren.

Eine weitere interessante Möglichkeit ist, mit ihm Verstecken zu spielen. Beschmiere einen Gegenstand mit etwas feuchtem Futter und verstecke ihn im Park oder zu Hause.
Wenn das Versteckspiel mit dem Hund im Haus stattfindet, ist es vorzuziehen, dass das Spielzeug mit einem T-Shirt oder einem anderen alten Kleidungsstück zugedeckt wird, um das Haus nicht zu beschmutzen.

Die Fährte kann Kisten, Kartons und andere Hindernisse umfassen, die der Hund überspringen muss. Der Gegenstand mit dem Essen kann an verschiedenen Stellen entlang des Weges versteckt werden, und wenn der Hund ihn entdeckt, belohnst du ihn mit Streicheleinheiten und sogar einigen Keksen.

2. Catch Me If You Can

Der Hund wird dieses anregende und lustige Hundespiel genießen. Binde ein mindestens 1 Meter langes Seil an das Ende eines langen Stockes. Am Ende des Seils bindest du ein kleines Kuscheltier fest, und schon hast du ein billiges selbstgemachtes Spielzeug für den Hund.

Verstecke dich hinter einer Tür oder Wand und halte den Stock mit den Händen, während das Kuscheltier auf dem Boden liegt, in Sichtweite des Hundes. Wenn das Kuscheltier die Aufmerksamkeit des Hundes erregt (dazu kannst du den Stock leicht bewegen), wird er versuchen, ihn mit seinem Maul zu erwischen. In diesem Moment verstärkst du die Bewegung, um zu verhindern, dass das Kuscheltier gefangen wird. Auf diese Weise wird es zu einem kreativen Fangspiel.

3. Ich *rieche* was, was du nicht *siehst*

Der Hund hat einen außerordentlichen Geruchssinn, der dem eines Menschen um ein Tausendfaches überlegen ist, da seine Schnauze Millionen von Geruchsrezeptoren besitzt. Die Arbeit an dieser Fähigkeit ist ein lustiges und stimulierendes Spiel für

das Gehirn des Hundes. Man kann dem Hund neue Gerüche darbieten (am besten, wenn sie noch sehr intensiv sind, vor allem während der ersten paar Male), an die er nicht gewöhnt ist. Lufterfrischer aus dem Supermarkt, aber auch Obst, können ein guter Anfang sein.
Lasse deinen Hund den neuen Duft riechen (vermeide Gerüche, die Allergien auslösen könnten) und verstecke ihn wieder. Belohnungen in Form von Streicheln beruhigen den Hund, während er seinen Verstand trainiert.

4. Der kleine Vogel im Fenster

Hunde erfreuen sich, wie Menschen, an neuen Dingen. Wenn du in einem Haus mit Terrasse oder Garten wohnst, kannst du ein Vogelhäuschen vor das Fenster stellen.
Dadurch erhält der Hund eine abwechslungsreiche und unterhaltsame Kulisse, die sich entsprechend ändert, wenn neue Vögel auf Futtersuche kommen. Dies ist für den Hund eine lustige Unterhaltung, die ihm hilft, sich nicht allein zu fühlen.

5. Fünf Minuten Musik für den Hund

Geräusche erzeugen Reize beim Hund und sind ein Mittel zur Beruhigung eines ängstlichen Welpen, der darunter leidet, wenn er allein im Haus gelassen wird. In ähnlicher Weise kann das Heulen von Wölfen oder wilden Walen im Meer das Gehirn eines Hundes stimulieren.
Das Internet ist ideal, um solche Geräusche kostenlos zu bekommen. Von Vögeln, die fliegen, bis hin zu Nutztieren oder anderen Artgenossen, die bellen. Ohne Zweifel eine anregende Unterhaltung für den Hund.

6. Ein neuer Trick!

Das Unterrichten des Hundes, wie z.B. Sitzen, Hinlegen oder Pfötchen geben, ist eine weitere Möglichkeit, den Verstand des Tieres aktiv zu halten. Es gibt Kurse und Trainer, die sich dem Unterrichten von Hunden widmen, aber auch einige hausgemachte Tricks können helfen und dazu dienen, die Fähigkeiten des Hunden zu entwickeln. Diese Trainingseinheiten zwingen den Hund, sein Gehirn zu beschäftigen. Zunehmende Komplexität ist eine Möglichkeit, seinen Verstand zu stimulieren. Dies ist nun kein spezielles

Spiel. Jedoch kannst du verschiedene neue Tricks ganz spielerisch dem Welpen beibringen, sodass ihr beide eine Menge Spaß daran habt.

7. Die Schachtel und der Hund

Eine große, leere Pappschachtel, die in der Mitte des Raumes aufgestellt wird, verwandelt sich an regnerischen Tagen in ein spannendes Spiel für den Hund. Er kann sich darin verstecken, du kannst darin Spielzeug verstecken, nach dem er suchen muss, und er kann Kommandos lernen, wie er z.B. in und aus der Schachtel kommt. Wenn wir uns so verhalten, als wären wir ein anderer Hund, uns mit ihm verstecken und an der Aktivität teilnehmen, sind wir ein wunderbarer lustiger Begleiter und sehr anregend für das Gehirn des Tieres - der Kreativität sind keine Grenzen gesetzt!

8. Treffe meinen Freund!

Der Hund ist ein geselliges Tier, das es genießt, neue Freunde und Gefährten kennenzulernen und zu beschnüffeln. Spaziergänge im Park und Besuche von

Freunden im Haus sind ideale Gelegenheiten für dieses schnelle Spiel, das die Intelligenz des Hundes aktiviert. Stelle ihm einfach eine Person vor und lasse ihn an der Person riechen und sie erforschen. Wenn er darf, kann der Hund seine Zuneigung mit einem feuchten Lecken an Gesicht oder Händen zeigen.

9. Frisbee-Werfen

Das Frisbee-Werfen ist ein attraktives und motivierendes Spiel für den Hund. Er wird es lieben, der Scheibe hinterherzurennen und aufzufangen.

10. Lustige Hundemassage

Nach so viel Aktivität ist es Zeit für eine Entspannung, um den Verstand des Hundes zu regenerieren. Warum nicht eine Hundemassage versuchen? Mit Geduld und einigen Tricks (wie z.B. einen ruhigen Platz zu Hause zu finden oder einen sanften Druck auf die empfindlichsten Stellen wie den Hals auszuüben) kann das Gehirn des Tieres durch die Behandlung mit unseren Händen stimuliert werden. Eine Massage an den Ohren des Hundes ist besonders angenehm.

Dankeschön an Dich

Liebe Leserin, lieber Leser,

es freut mich sehr, dass du dieses Buch gelesen hast. Mein Wunsch für dich ist, dass du einen wundervollen Welpen großziehst und viele herrliche Jahre mit ihm erlebst.

Hast du die 7 goldenen Regeln der Hundeerziehung bereits heruntergeladen? Ich schenke sie dir:

>>> https://dennis-streichert.de/hundeerziehung/

* * * * *

Hat dir das Buch weitergeholfen?

Gebe mir gerne positives Feedback:
https://dennis-streichert.de/bewerten

Impressum

Copyright © 2020 Dennis Streichert

Dennis Streichert, Brahmsallee 19, 20144 Hamburg
mail@dennis-streichert.de

https://dennis-streichert.de

All rights reserved.

Das Werk, einschließlich seiner Teile, ist urheberrechtlich geschützt. Jede Verwertung außerhalb der engen Grenzen des Urheberrechtsgesetzes ist ohne Zustimmung des Verlages und des Autors unzulässig. Dies gilt insbesondere für die elektronische oder sonstige Vervielfältigung, Übersetzung, Verbreitung und öffentliche Zugänglichmachung.

ISBN: 9798566619804
Imprint: Independently published

Printed in Poland
by Amazon Fulfillment
Poland Sp. z o.o., Wrocław

68311841R00106